政治の絵本

学校で教えてくれない選挙の話

新版

たかまつなな

弘文堂

私はお笑い芸人です。

「笑える！政治教育ショー」を届けるため全国の学校をかけまわっています。

それでは、授業の始まりざます。

目　次

皆さまからの疑問に
お答えしてまいります！

選挙って何ざましょ？
超カンタンにご説明しますね！

国家予算と選挙の深〜い関係、ご存じ？

**皆さまが選挙に行かないと
たいへんなことが起きますわ！**

**あの有名人の意外な
青春時代をご紹介します！**

新聞を読んでなくても
何が問題かが分かります！

付　録

　その1　逆転投票シミュレーションゲーム用カード
　その2　悪い政治家を見抜く人狼ゲーム用カード
　その3　賛成・反対カード

ごきげんよう！
お嬢様芸人のたかまつなが
ご説明しますわ！

はじめに

ごきげんよう。
お嬢様芸人の たかまつなな でございます。
私のご先祖様は新宿を開拓しました。

これは本当のお話で、江戸時代に高松嘉六が
「ここに新しい宿場町を作ろう！」
ということで新宿と名付けました。

皆さま、新宿を通る際には、
必ず、たかまつ家に一礼してくださいませ！

私のお嬢様自慢はほどほどにして、
突然ですが、あなたは借金をしたことがありますか？

もちろん、私はお嬢様ですから、
お金に困ったことはございませんし、
借金をしたことなどございません。
……と思っていたら、
なんと 800 万円借金していることが発覚しました。

人様からお金を借りた覚えはございません。
好きな殿方に、お金を貢いだ記憶もございません。
まぁ！　知らない間に詐欺にあっていたかしら？
なにゆえに？

なんと、日本には1000兆円の借金があって、
これは、１人あたり800万円だというのです！
私たちは、知らない間に借金をしていたのです。

しかも、この大金を返済することになるのは、
これから生まれてくる子どもたちなのです。
つまり、私たちは孫のクレジットカードを使って
好き勝手にお買い物をしているのです。

借金をしてたかまつ家の名を汚すなんて…
ごめんあそばせ！！

でも、この借金は私だけでなく、
日本国民全員がしているのです。
将来が怖くなりませんか？
この話を知らない人もたくさんいらっしゃいます。
知らないって、もっと恐いですよね。

政治って、難しい。
新聞を手に取っても、よく分からない。
そんな話を聞きます。

それは当たり前の感覚なんです。
新聞なんて読めなくても大丈夫なんです！
だって、勉強しようと思っても
難しい本しか出ていないんですもの。
でも、知らないと損してしまうこともあります。

そこで、この本では、政治について、
超カンタンに書かせていただきました。

日本のルールに騙されていませんか？
政治についての知ったかぶりをやめませんか？

これを読んだら、きっと明日から
政治について、語りたくなります！

たかまつなな

1時間目

政治についての よくある疑問

皆さまからの疑問に お答えしてまいります！

Q1 そもそも政治って何？

宝くじで1億円当たったら、何に使いますか？
「よっしゃ！ 夢のマイホームだ！」
「友達100人でハワイに行こう！」
「裏金つんで子どもを一流大学に入れよう！（笑）」
いろんなお金の使い道がありますよね。

じつは、政治も同じなんです。
政治って、超カンタンに言うと、
大きな「お財布」のお金の使い道を決めることなんです。

「わしゃ、医療費が足らん！ 国が負担してくれ！」
「学費が高くて大学に行けない。授業料タダにしてよ！」
「これからの時代は宇宙だ！ 宇宙開発費ちょーだい！」

またそんなに
買ったのかい

今月も
借金すれば
いいじゃない

注：日本は毎年 35 兆円の借金をしています

どれも必要なことかもしれません。
でも、すべての希望を受け入れたらお金が足りなくなります。

「お財布」の中身は 100 兆円 * という大金です。
このお金は皆さまが払った税金で、
日本が 1 年間に使える予算です。

私たちはいろいろなところで税金を納めています。
たとえば、お買い物をしたら消費税を払います。
皆さまは、アルバイトのお給料をもらうたびに
所得税を納めています。

* 100 兆円のうちの 60 兆円は皆さまが払った税金です。それでは足りなくて毎年 35 兆円の借金をしています。

この「お財布」の中の 100 兆円をどう使うか、
多くの人が納得する使い道を決め、実行する。
できるだけ不公平がないように調整してルールを作る。
それが政治家の仕事です。

でも、政治家は選挙に負けたら失業してしまいます。
そこで選挙で投票してくれる人のために「お財布」を使います。

若者の投票率が低いということは、政治家にとって
若者はいいお客さんではない、ということです。

だから、若者のためには「お財布」を使ってくれません。
そのせいで教育や子育ての政策は後回しになり、
就職や結婚や出産の不安はなかなか解消されません。

注：現実にはこんなふうに追いかけてはもらえません

教育や研究に使えるお金は約5兆円＊。
学校の教科書代、先生のお給料、宇宙開発費、
すべてこの中から払っています。
大学の授業料を安くしてほしければ、その分、
どこかからお金を回してもらう必要があるんです。

ところが、政治家の方にお会いするたびに
「若い人が何を考えているか分からない」と言われます。
私たちの欲しいものが、大人たちに伝わっていないんです。

もっと若者の声を政治に届ける必要があります。
そのための手段が、選挙で投票することなんです。

＊詳しくは3時間目でご説明します。

Q2 おバカは選挙に行かないほうがいい?

「おバカが変な候補者に投票し、選挙の質を下げている」
という議論はテレビなどでも時々されています。

「私みたいなおバカが投票したらダメ!
勉強してないから見る目ないもん。」
そんなふうに考えてしまったことはありませんか?

では、みんながそう思ったら、どうなるでしょう。

30人のクラスで、学級委員長を選ぶとします。
立候補者が2人います。
30人全員が投票すれば、16票以上とれれば当選です。
でも、もし1人しか投票しなかったらどうなるでしょう?

たった１票で当選できてしまいます。
クラスの代表が１人の意見で決まってしまうのです。

「あいつなんかに学級委員長は任せられない！」
みんながそう思っていても、１人だけ説得すればいいなら、
とんでもない人が当選してしまうかもしれません。

政治も同じです。

選挙に行く人が少なくなると、
集める票数が少なくても当選できることになります。
そうすると、特定の思想をもった人や、
特定の利益団体と関わる人などが
当選しやすくなってしまうのです。

21

2019 年の統一地方選挙で、神奈川県相模原市では
市議会議員の最後の 1 議席に 2 人の候補者が
同じ得票数で並び、くじ引きで当選者が決まりました。

東京都港区の区議会議員選挙では
当選者と落選者の差はわずか 1 票でした＊。

あなたが選挙に行かないと、知らないうちに
権力やお金がある人に有利な政策ばかり
通ることがあるかもしれません。

変な人を当選させないためにも、選挙に参りましょう。

＊神奈川県相模原市中央区の有権者は 22 万人ですが、2 人の得票数は 3158 票でぴったり同じでした。東京都港区の有権者は 19 万 5000 人ですが、最も票数が少ない人は 1089 票で当選しました。落選した候補との差は 1 票でした。

Q3 悩みすぎて決められないときは？

選挙の大事さは分かった。でも、誰に投票したらいいのか。
きっとみんな悩んでいます。

日頃からニュースを見て、新聞チェックして、
候補者や政党のマニフェスト＊を読んで……
そうするのがいいのは分かっていても、
なかなかできませんよね。

でも、じつはそこまで頭を悩ます必要はございません！
こんなふうに考えてみてはいかがでしょうか？

＊マニフェストとは、選挙のとき、候補者や政党が具体的な目標などをまとめた約束の
ことです。インターネットや新聞で調べることができます。中には実現できそうにな
い立派なことばかり書いているものもありますのでお気をつけあそばせ。

部活帰りにのどが渇いたあなたは、
自販機でポカリスエットを買いました。

すると友人が駆け寄ってきて、こう言います。
「え？　すげえ！　どうやってポカリ選べたの？
こんなにいっぱい商品がありすぎて、俺は選べないよ！
やべえ、のどがカラカラだ！　もう死にそー！」

……こんなのって、あり得ないですよね。
では、どうやって選んだのか、思い出してみてください。

「オレンジジュースは甘ったるいから、お水かお茶かな。
でも、ちょっとだけ味がついてるのがいいな、
お、ポカリがある、うん、今の俺にはポカリが一番だな。」

……って、きっとそのぐらいですよね。
そのぐらいの感覚で候補者を選んだっていいんです。
決められずに、のどがカラカラなのを我慢するよりは、
決めた方がいいですよね。

だって、「絶対に正しい選択」なんてないんです。
選ぶ人も、選ばれる人も、
完全とか正解とかはありません。

お水にも、ポカリにも、オレンジジュースにも、
それぞれに違った魅力があるなかで
皆さまは毎日、迷いながら選択しているのです。

だから、候補者もそうやって選べばいいのです。

Q4 投票先はどうやって選ぶ?

候補者はいいことしか言ってないから信用できない。
目移りしてしまって決められない。
比較するための材料がほしい。
という方には、こんな方法もあります。

- ・候補者の演説、公開討論会を聞きに行く。
- ・候補者や政党のＨＰ、ブログを読む。
- ・ツイッターで質問してみる。
- ・政見放送を見る。
- ・選挙公報＊で候補者のマニフェストを読む。
- ・新聞・雑誌の記事を読む。

＊選挙公報はインターネットで公開されるほか、新聞に折り込みされる場合もあります。

相手の話に耳を傾けた上で議論をして、
自分で政策を判断することが選挙では大切です。
それができないと、知っている人の名前を書くしかありません。
だからタレントや有名な人は選挙で有利だと言われています。

ほかには、質問に答えるだけで、
コンピューターが判断してくれる
ボートマッチサイトもあります。

「ボート（vote）」というのは英語で「投票」のことです。
ボートマッチには数種類のサイトがあります。
どのサイトも 10 問くらいのアンケートがあり、
自分の意見にいちばん近いものを選んでいくと、最後に
「あなたに一致する政党」「あなたに一致する候補者」
を教えてくれます。

勉強していないと答えられない質問もあります。
でもあまり気にしないで大丈夫。
この本の6時間目「1分で分かる日本の課題」を読めば
きっと選挙に行きたくなりますわ。

私も選挙の前には
「1分でできる政党の選び方」
「超簡単！　候補者の選び方」
などを作ってツイッターにのせています。
困ったときにはご覧になってくださいませ。

たかまつなな　@nanatakamatsu
https://twitter.com/nanatakamatsu

Fotogenia/CON/ Getty Images

Ｑ５　若者の政治参加は悪いこと？

日本の若者は、政治に関心がないと言われます。
20代前半の投票率は30％程度。
３人に１人しか選挙に行きません。

では海外の例を見てみましょう。
中米のコスタリカでは、子どもの頃から
親と一緒に選挙に行く習慣があります＊。

子どもの頃から選挙に行っているので
若者や大人の投票率が高いのです。

＊正式な参政権は18歳からですが、３歳から17歳が本物そっくりに投票する「子ども選挙」（写真）があり、投票結果も発表されるので、みんな真剣です。

北欧のスウェーデンは、若者の投票率が 80%です。
スウェーデンの子どもは、中学生や高校生の頃から
政党の青年部に入って、自分たちで政策を作ったり、
街で政党の勧誘を行ったりします＊。

ところが、こうした活動に対しては批判もあるんです。
「子どものうちから特定の政党を支持するのは
親の洗脳によるのではないか」というのです。

たしかに、子どもは親の影響を強く受けます。
親が阪神ファンだと、子どもも阪神ファン。
両親そろって阪神ファンだと、子どもはなかなか
巨人ファンにはなれませんよね。

＊日本では 18 歳未満の選挙運動は禁止されています。94 ページのコラム「選挙の落とし穴」も参照してください。

まだ政治的に判断する力や知識がないうちに、
親の影響で政治活動にのめりこんでしまうのは
たしかにあまりいいことではありません。

なぜなら、子ども自身が迷ったり悩んだりする機会を、
親が奪ってしまうことになりかねないからです。

自信がなくても、分からなくてもいいから
投票する政党や候補者は自分で決める。

選挙ではそれが大事なんです。

選挙に行かないと一年間
スイーツ禁止！？

お先真っ暗
ですわ！

Q6 選挙は義務？それとも権利？

選挙って行く人と行かない人がいますよね。
だったら、行かなくていいのでしょうか？

日本では、「参政権」というものが憲法で定められていて、
国民には政治に参加する「権利」[*1]が与えられています。

外国では、投票が「義務」[*2]になっている国もあります。
たとえばオーストラリアでは、
正当な理由なしに選挙に行かないと罰金です。
フィジーでは、選挙に行かないと投獄されてしまいます。

＊1 権利とは、あるものごとを自分の意思で自由に決められることです。
＊2 義務とは、しなければならないと決められていることです。

日本も同様に、義務化して
選挙に行く人を増やした方がいいという議論もあります。

明治時代の日本では、お金持ちの男性にしか
選挙権がありませんでした。
女性や貧しい人には政治に参加する権利がなかったのです。
その後、少しずつ制度が変わっていき、
みんなに平等に権利が与えられるようになりました。

今は 18 歳以上ならば性別に関係なく選挙権があります。
1人1票の平等な選挙は民主主義の基本ルールです。

でもそれは、女性や貧しい人にも選挙権が必要だと
命をかけて訴えてきた人たちのおかげなのです。

そのひとり、市川房枝＊さまという女性は、
「権利の上に眠るな」という言葉が口ぐせでした。

選挙権が平等に与えられているのに、その権利を
使わない人がいるなんて信じられなかったのでしょう。

平和や平等は黙っていて手に入るものではなく、
権利を正しく使って初めて維持できるのだと
市川さまは言いたかったのではないでしょうか。

皆さまは、権利の上に眠っていませんか？
もしかしたら、その権利は
誰かが命がけで得てくれたものかもしれないのです。

＊市川房枝（1893-1981）さまは生涯を通じて女性の権利を主張し、のちに国会議員と
して活躍しました。

世界のおもしろ政治

世界には愉快な政策や政治がたくさんございます。

❖ 小学生の宿題禁止！―フランス

おフランスの公立小学校ではなんとプリントやドリルなど記述の宿題を出すことが禁止されています。学校は教師という専門家がやるから良い教育ができ、家庭は家庭でしかできない教育に集中すべきとの考えからです。

❖ おならをしたら逮捕！―アメリカ

アメリカのフロリダ州では、木曜日の 18 時以降、公共のスペースでオナラをしてはいけないという法律がございます。実際 13 歳の学生が、授業中にオナラをし、授業を妨害したことが原因で逮捕となりました。

❖ チューインガム持ち込み禁止！―シンガポール

マナー大国として有名なシンガポールでは、チューインガムを持ち込んだら、罰金をとられます。最高は懲役 2 年ですって！地下鉄や車内にガムを捨てる人が多く、地下鉄の扉がガムで開かない事件があり、街を汚さないために作られたルールです。

❖ 犬の散歩さぼると罰金！―イタリア

イタリアのトリノ市では、犬のお散歩を 1 日 3 回させないと 500 ユーロの罰金を払わなければなりません。日本円にしておよそ 6 万円。イタリアで毎年 15 万匹の犬と 20 万匹の猫が捨てられていたことから制定されました。

地方政治って何ざます？

東京と北海道では、環境がまったく違いますよね。地方議会はその地域の事情にあわせて、お金の使い道を決めたり、法律の範囲内でルール（条例）を作ったりします。つまり、私たちの生活により身近なことを決めるのが地方政治なんです。

❖ 庶民は出ていけ‼ 豪邸条例 — 兵庫県芦屋市

全国有数の高級住宅地として知られている芦屋市。なんと条例で「400㎡（120坪）以上の個人住宅」しか建てられないと決められています。大きな家ばかりなので、小さな家ができると景観を損ねるからというわけです。庶民には辛いですわね。

❖ 結婚を促進⁈ キューピット条例 — 三重県紀勢町

キューピット委員が、町の30歳以上の人の結婚をお世話する条例です。なんと結婚を成立させたら1組20万円いただけるのですって！ 東京などの大都市に人が多く行ってしまうため、人口の増加や地域活性化が期待されています。

❖ 住民が署名を集め市長がクビに⁈ — 千葉県銚子市

「市立病院を守り充実させる」と選挙公約を掲げた岡野氏は市長になりましたが、事実上病院は閉鎖になってしまいました。それに怒った市民は市長を解任させる（リコール）署名活動をしたのです。結果、市長はクビになりました。

首長を辞めさせる・議会解散の請求には、有権者の3分の1の署名と住民投票での過半数が必要です。条例を作ってほしい場合は、有権者の50分の1の請求があれば議会で多数決をとってくれます。これらは、直接請求権といい、住民は議会と直接交渉する権利を持っています。

2時間目

3分で分かる民主主義

選挙って何ざましょ？
超カンタンにご説明しますね！

民主主義ってなんのこと？

あなたは選挙に行きたいと思いますか？

選挙の前はぺこぺこしていた政治家が
国会で居眠りしたり、税金を使い込んでいたと知ると、
「政治家なんて信用できない」
と思ってしまいませんか？

それなのに、どうして選挙をするのでしょうか？
それは、日本が民主主義の国だからです。
ではそもそも、民主主義って何のことなのでしょう。

家庭の物ごとの決め方は？

皆さまのお家では、どうやって物ごとを決めていますか。

たとえば、
「１個しかないプリンを、誰が食べるのか。」

いま冷蔵庫の中には、プリンが１つしかございません。
このプリンを誰が食べるか、
どのような決め方があるでしょうか。

３つの決め方をご紹介します。

「力」で決める

１つ目の決め方は、

「俺がこのプリンを食べるんだ！
文句あるか！」

と殴り合います。

つまり、「力」によって決めている家です。

家の「掟」がある

２つ目の決め方は、
「それは当然お父さんでしょ！」
というような、「掟」によって決めている家です。

お嬢様である私の家の「掟」は
「コンビニは治安が悪いから行ってはいけない」
というものでした。

コンビニに行ったのは芸人になってからで、
とても便利で驚きました。

多数決で決める

3つ目の決め方は、

「このプリンは誰が食べるべきなのか。
皆で話し合って多数決をとろう！」

つまり、「数」で決める家です。
いろんな決め方がありますね。

社会の物ごとの決め方は？

では、社会の物ごとの決め方はどうなっているでしょうか。

実はこれ、
皆さまのお家と基本は同じなのです。

たとえば、土地の使い方を決めるとき。
どんな決め方があると思いますか？

43

強い者がいいとこ取り

原始時代。

「俺がこの場所に住むんだ！　文句あるか！」

「力」によって決めていました。

これを無政府状態といいます。

大名に「ここに住め」

江戸時代。

「そちには、この土地を与えよう」

将軍が決める。
それが「掟」でした。

これを独裁体制といいます。

みんなで決<ruby>き</ruby>めよう!

では、今<ruby>いま</ruby>は？

公園<ruby>こうえん</ruby>は、公民館<ruby>こうみんかん</ruby>は、どこに作<ruby>つく</ruby>ろうか。
話<ruby>はな</ruby>し合<ruby>あ</ruby>って多数決<ruby>たすうけつ</ruby>をとります。
つまり「数<ruby>かず</ruby>」で決<ruby>き</ruby>めるのです。

これが民主主義<ruby>みんしゅしゅぎ</ruby>のルールです。

今の日本は民主主義

このように、いろいろな決め方があります。

「力」によって決める、無政府状態。
「掟」によって決める、独裁体制。
「数」によって決める、民主主義。

今の日本は民主主義をとっているのです。

民主主義の決め手は「数」、つまり多数決です。
でも、なんでも多数決で決めてしまって、
ほんとに大丈夫なのでしょうか？

民主主義ってすばらしい？

皆さまの学校でも、生徒会長や学級委員を決める方法は
多数決ではないでしょうか？

たしかに多数決ならば、
より多くの人の希望がかないます。

では、少数意見の人たちはどうなるのでしょうか？
民主主義の国では、少数派の意見は
無視されてしまうということでしょうか？

少数派の意見もちゃんと尊重!

いえいえ、そんなことはございません。

たとえばアメリカでは、
同性愛者同士の結婚を認める法律ができました＊。

男女のカップルの方が数は多いのに、
どうして少数派のための法律が
多数決で通ったのでしょうか？

＊現在、ヨーロッパのほとんどの国と、アメリカをはじめとする南北アメリカ大陸の多
くの国で同性婚を認める法律が成立しています。

49

大事なのは多数決前の話し合い

そのカギは、「話し合い」です。

少数の人の希望にもしっかり耳を傾け、
専門家の意見や一般の人の意見も聞いたうえで、
どうするのがいいか、みんなで考えて答えを出す。

これが民主主義なんです。

でも……日本の人口は約1億2000万人。
全員で同時に話し合うことはできませんよね？
どうやったら話し合いができるのでしょうか？

代表者を選ぶ、それが選挙

そのために、話し合いをする代表者を選ぶのです。
これが、選挙です。

この人なら、自分の代わりを任せても大丈夫、
そういう人を選ぶのが選挙＊なんです。

多くの国では、代表者も選挙で選ばれます。
では、その具体例を見ていきましょう。

＊日本では、①衆議院、参議院の国会議員、②都道府県の知事、③市区町村の長、④地方議会の議員を選挙で選びます。残念ながら総理大臣だけは直接には選べません。

たとえば、アメリカの場合（ばあい）

アメリカでは、長（なが）らく黒人（こくじん）が差別（さべつ）されてきました。
ですが、2009 年（ねん）、初（はつ）の黒人（こくじん）の大統領（だいとうりょう）が誕生（たんじょう）しました。

バラク・オバマ大統領（だいとうりょう）です。
オバマさまは黒人（こくじん）に対（たい）する偏見（へんけん）を乗（の）り越（こ）えて
大統領（だいとうりょう）になったのです。

つまり、少数派（しょうすうは）であっても実力（じつりょく）が認（みと）められ、
支持者（しじしゃ）が広（ひろ）がれば、トップに立（た）てます。
これが民主主義（みんしゅしゅぎ）です。

ヒトラーはどうやって選ばれた？

でも、いつも民主主義がうまくいくとは限りません。
大きな失敗をおかしたのがドイツの場合です。

悪名高いドイツのヒトラー。
ヒトラーはどうやって国の代表になれたのでしょうか？

じつは選挙に勝って権力を握ったんです＊。

＊ヒトラーは大統領選挙で負けたのですが、国民がナチ党を選んだのです。ナチ党（ナチス）の党首だったヒトラーはドイツ首相になり、やがて大統領の権利も自分のものにして絶大な権力を握りました。

アウシュビッツ強制収容所（ポーランド）　　　CKT／時事通信フォト

なぜ、ユダヤ人を殺したのか？

当時、ドイツ国内には民族や宗教の異なる人が
たくさん住んでいました。

そんな中、とつぜん世界中が大不況になり、
ドイツ国内には失業者があふれました。
ヒトラーはその理由をユダヤ人のせいにしたのです。
罪のないユダヤ人をいじめの対象にすることで、
他のドイツ国民に「俺たちは特別だ！」と思わせ、
ヒトラーは自分の人気を高めたのです。

1939年に第二次世界大戦が始まると
ヒトラーはユダヤ人を強制的に収容所に連行させ、
逃げようとすれば、家族全員、皆殺しにしました。

CKT／時事通信フォト

アウシュビッツ収容所

上の写真、なんだか分かりますか？
じつは靴です。

収容所で働けないと「選別」された老人や女性や子どもは、
靴や服を脱がされて部屋に閉じ込められ、
中に毒ガスを入れられました。

そこで亡くなられた方の靴です。
これはほんの一部に過ぎません。

ナチ党が殺したユダヤ人の数は約600万人と言われています＊。

＊ナチ党はユダヤ人以外にも、少数民族、障がいをもつ人、同性愛者を迫害しました。
すべての犠牲者の総数は1000万人とも言われます。

ヒトラーを選んだのも選挙

ヒトラーは演説の名人でした。
ドイツ中の家庭にラジオを配り、演説を聞かせました。
多くのドイツ人がヒトラーを信じ、
やがて裏切られたことを知りました。

ヒトラーを選んだことを多くの人が後悔しましたが、
いったん政権を握ってしまったヒトラーとナチ党の
やりたい放題を止めることはできませんでした。
ヒトラーの暴走は戦争に負けるまで続いたのです。

だからドイツは二度と過ちを繰り返さないように、
政治の教育を大切にしています。

代表者を選ぶのは誰？

こわーい話でしょう？
でも、これも民主主義なんです。

民主主義では誰にでも平等に権利が与えられています。
その権利は、私たちの使い方によって、
とんでもないリーダーを選んでしまうこともあれば、
少数派が勝つチャンスだってあるんです。

このように、とっても大事な代表者選び。
責任重大な気がしませんか？

投票する権利は18歳以上

これまでの日本では、
選挙権があるのは20歳以上の成人でした。

それが、2016年から18歳以上になりました。
これが「18歳選挙権」です。

皆さまは、この社会で、話し合いに
参加しますか？　しませんか？

世界の政治のルール

❖ 民主主義の土台は、フランス革命

　フランス革命が掲げた自由・平等・博愛の精神は民主主義の土台となっています。この3つのどれを重視するかは難しいです。

自由　自己責任論／税金をもっと安く／弱者は助けない

平等　格差をなくそう／税金を高くして弱者にまわそう

博愛　愛のある社会／重病人の医療費は無料にしよう

　例えば、アメリカでは保険の加入も各人の自由に任されているため、救急車や消防車も有料です。貧しい人は家が燃えても消防車も呼べず、ただただ見ているだけ……格差が広がるばかりです。一方、キューバやかつての中国は格差のない共産主義が理想でした。共産主義では富を皆で分け合うので、どんなに頑張って働いても個人の財産は増えず、働く意欲が下がります。

　どちらの選択にも長所と短所があります。このバランスをとり、ルールを決めるのが政治なのです。

❖ 世界の政治体制

議院内閣制…日本、ドイツ、イギリス、カナダ

　内閣総理大臣を決めるのは国民ではなく国会議員です。内閣が予算や法律案を作り、それを国会で話し合い多数決によって決めます。一番人数の多い党が内閣を作るため、内閣の意見は議会に反映されやすいです。

大統領制…アメリカ、韓国、ブラジル

　国民が選挙で選んだ大統領が、強い力で政治を動かします。大統領と議会は別々に選ばれるため、意見がよく食い違います。

一党独裁体制…中国、北朝鮮、シンガポール、ベトナム

　事実上1つの政党が権力を独占します。大きな政策ができる一方、政治腐敗が起こりやすいです。

権力の暴走を防ぐ三権分立

　ヒトラーのような権力の暴走を防ぐためにはどうすればいいのでしょうか。三権分立というものがあります。

　国の基本となる３つの権力を独立させ、互いに監視する緊張状態を作っています。その３つの権力を確認しましょう。

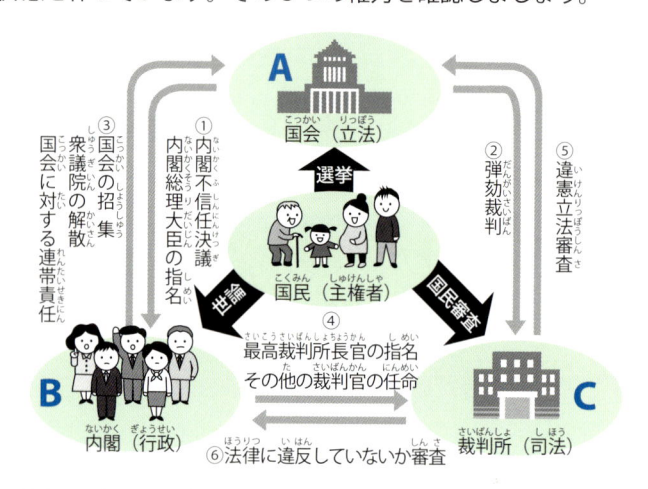

A 法律を作る「立法権（国会）」

①内閣が信用できない時、内閣不信任決議を出せます。

②裁判官を辞めさせるかどうか決められます。（弾劾裁判）

B 法律を行使する「行政権（内閣）」

③国会と考えが違う、国民の声を聞く時に衆議院を解散します。

④最高裁判所長官を指名することができます。

C 法律を守る「司法権（裁判所）」

⑤国会の法律が憲法に違反していないか審査します。

⑥内閣が法律に違反した政策をしていないか審査します。

3時間目

選挙に行かないと損する仕組み

国家予算と選挙の
深〜い関係、ご存じ？

お客さまは何がお好みかしら？

芸人も政治家もウケが大事

私はお笑い芸人です。
ライブではお客さまの顔を見て、
やるネタを変えています。

たとえば、浅草の寄席では、お年寄りが多いので
歴史ネタをやります。

ですが、学園祭に呼ばれた時は歴史ネタはやりません。
若者に人気のある「エンタの神様」などの番組で披露した
「お嬢様ことば」というネタをやっております。

お客さまにあわせて「ウケる」ネタをもっていくのです。

シルバーのための民主主義?

これは芸人だけではありません。
政治家だって、同じことをしているのです。

選挙に行く人の顔を見て、これならウケるというネタ（政策）を
提示するのは当然のことです。

20代の投票率は35％に対して、60代は70％なのです*。
この客層なら、私もお年寄り向けのネタをやります。

このように、高齢者の政治への影響力が強まることを
シルバー民主主義といいます。

＊2016年7月の参議院議員選挙の投票率は、10代が46％、20代が35％、30代が44％、40代が52％、50代が63％、60代が70％、70代以上が60％でした。

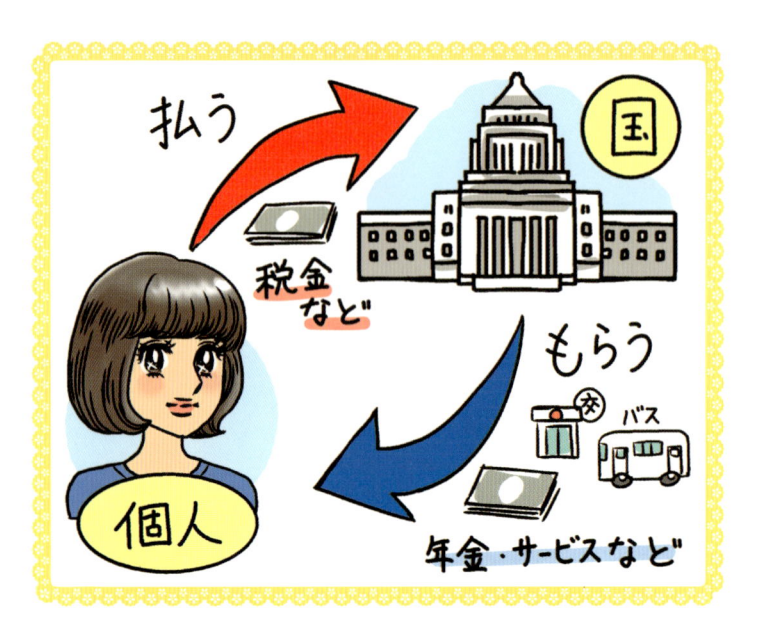

国のお金の流れはどうなってる？

皆さまは図書館でお金を払ったことありますか？

ないですよね。

図書館は私たち国民が払った税金で運営されています。

このように国はいろいろな方法で税金を集めて、

そのお金を国民のために使っています。

私たちが払う（国が税金を集める）
- お買い物をしたら必ず消費税を払います。
- アルバイトのお給料からは所得税が引かれます。

私たちがもらう（国が税金を使う）
- 年金のように直接お金をもらうサービス。
- 図書館や消防署、交番などの公共サービス。

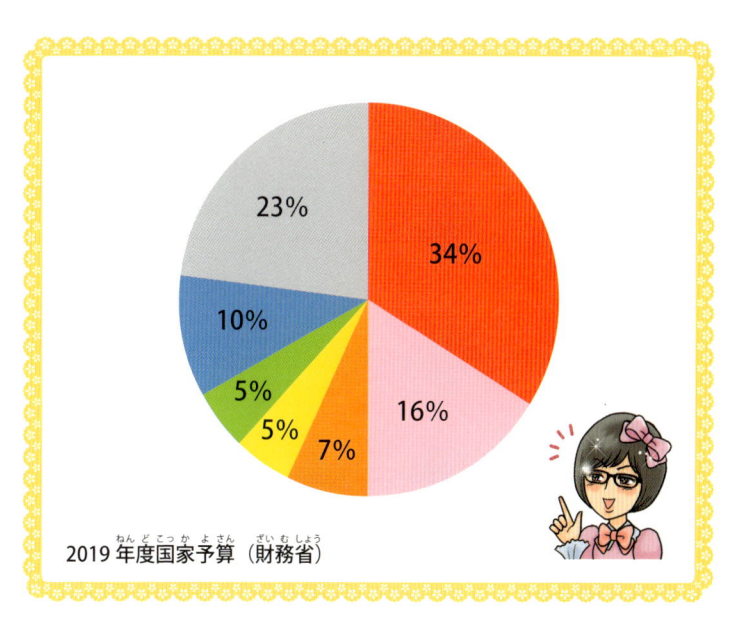

2019年度国家予算（財務省）

若者の予算はど〜れだ?

では、ここでクイズです。
政治とは大きなお財布の使い道を決めることだと
お伝えしました（19ページ）。

この図は、国のお金を使い道別に色分けしたものです。

若者世代に使われるお金といえば教育費です。
さて、この中でどの色が教育費だと思いますか？

教育費には、教科書代や学校の先生のお給料、
宇宙開発費のような研究費も含まれます。

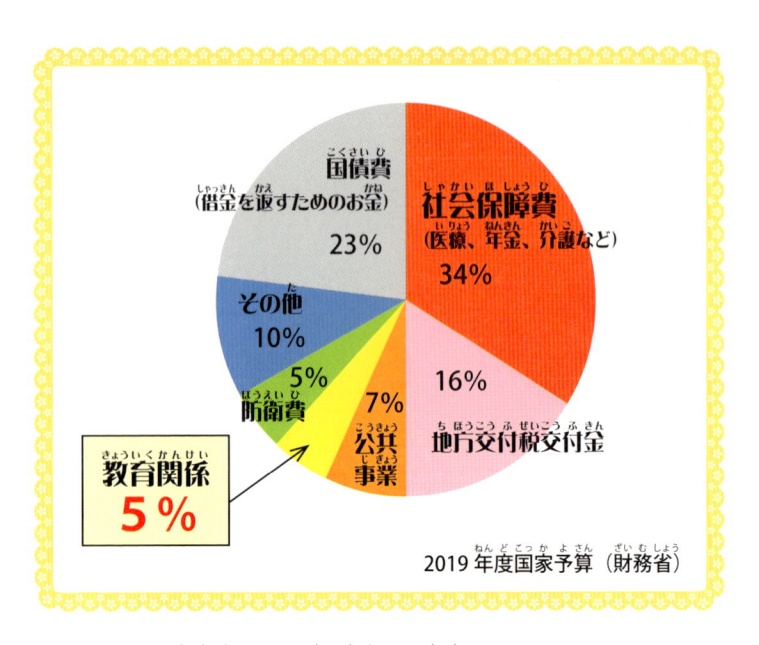

2019 年度国家予算（財務省）

若者の予算が少ない?!

正解は……黄色🟡です。
若者のためのお金が5％って少ないと思いませんか？

赤🔴は社会保障費で、医療や介護などに使われます。
現在はそのほとんどが高齢者に使われています。
ピンク🩷は地方を元気にするために使われるお金です。
オレンジ🟠は道路や橋を作るための公共事業費で、
黄緑🟢は自衛隊などが使う防衛費、
グレー⚪は国の借金を返すためのお金です。

じつは、これも選挙と関係があるのです。
朝日新聞の記事によると、若者が投票に行かないと、
その分、教育費が減り、社会保障費などが増えるそうです。

　　若者の投票率が1％減ると、1人当たり
　年13万5000円の損をするというのです＊。
　　1％といえば、100人のうちのたった1人です。
たった1人が選挙に行かないことで、100人の若者が全員、
　　1人あたり13万5000円の損をするのです。

「今回の選挙で20代の投票率は3％下がった」と聞いて、
「そんなに変わらない」と思っても、1人約40万円も
損することになります。どうして、こうなるのでしょう。

　　お笑い芸人が客層を見てネタを選ぶのと同じように、
政治家は選挙に来る人を見て、政策を決めるからです。
　若者は選挙に行かないせいで、損をしているのです。

＊東北大学大学院の吉田浩教授による研究（朝日新聞2013年7月20日より）

これって若者の世い？

「そんなこと言っても、少子化だからしょうがないじゃん」
「嫌だと思ってもどうせ変わらないんでしょ」
と、あきらめるのはまだ早い！

黙っていたら若者が損をするというこの現実、
じつは選挙に行けば変えられる可能性がございます！

若者が選挙に行くことで、政治家に
「若い人向けの政策も用意しなきゃ」と思わせられます。

私たち若者が、「興味ないから」「関係ないから」と
これからも選挙に行かずにいると、
さらに高齢者向けの政策が通りやすくなるかもしれません。

2030年「ぬか漬け減税」導入？

この状況が変わらなければ、高齢者にとって、
さらにおいしい政策が通る可能性は十分にあります。

私が政治家ならば、「ぬか漬け減税」を導入しますわ。
ぬか漬けを作っている家は消費税を控除して
お年寄りに媚びまくりますの。
でもみなさんは、ぬか漬けを作っているかどうか、
爪の匂いをスーパーでチェックされるなんて嫌ですよね？
真面目な話、若者が選挙に行かないと、
お年寄りに有利な政策が増えるかもしれません。

では、投票に行かないとどんな恐ろしい未来が待っているか、
実感していただきましょう。

選挙に行きたくても行けない人へ

選挙に行きたくないわけじゃないけど、行けない事情も人それぞれ。意外と知られていない選挙の裏ワザをご紹介します。

❖ 投票のやり方がわからなくても大丈夫！

有権者には、選挙管理委員会から投票所入場券（選挙ハガキ）が送られてきます。対象になるのは、その市区町村に住民票を移して3か月以上たっている人です。指定された投票所にハガキを持って行けば、親切に案内してもらえます。

❖ わざわざ帰省しなくても大丈夫！―不在者投票

学生や単身赴任など、住民票を移していない方は実家や自宅に選挙ハガキが送られてしまいます。こんな場合は不在者投票という手段があります。住民票のある市区町村のＨＰから「不在者投票宣誓書兼請求書」をダウンロードし、記入して郵送すれば投票用紙を送ってもらえます。それを今住んでいる市区町村の選挙管理委員会に持って行き、投票します。

❖ 選挙の日、デートの約束があっても大丈夫！―期日前投票

選挙当日、用事があって行けない場合は期日前投票ができます。公示日から投票前日まで投票所が設置されますので、場所を確認して直接行けばその場で投票できます。選挙ハガキは不要です。

❖ 手ぶらで投票に行っても大丈夫！

選挙ハガキをなくしたり、持っていくのを忘れたりしても、住所・氏名などを言えば投票できます。気軽に行ってみてください。

4時間目
逆転投票シミュレーション

皆さまが選挙に行かないとたいへんなことが起きますわ！

損しないために選挙へ行こう

「私の1票なんて関係ない」
と皆さまが選挙に行かないでいると、
その1票がつもりつもって、
やがて思わぬ方向に進む可能性があります。

政治に関心がないから黙っている、選挙に行かない、
それは「どうなっても文句はない」という意味なのです。

自分には政治なんか関係ないと思っていたら、
ある日突然「ゲーム税」が導入されるかもしれません。

若者が不利な政策で考えてみよう

選挙に行かないと自分が損することを実感していただくために、
こんな政策について考えてみましょう。

「50歳以下、選挙権を廃止」

若者がそんなに選挙に行かないなら、
いっそ選挙権なんかなくしちゃえ！
という、むちゃくちゃな考えです。

登場していただくのは、さまざまな年代の5名の方々です。
立場によって意見はどう変わるでしょうか。

50歳以下は選挙権がなくなる?!

18歳　女子高生

そんなのずるくない？　選挙、マジで行くからさ！

24歳　会社員

若い声を政治に届けなあかん！

45歳　主婦

子育てしやすい環境がほしいから、選挙権が必要なの！

65歳　会社社長

若いやつはどうせ選挙に行かないから50歳以上で十分だよ！

80歳　おばあちゃん

若いもんには政治なんか分からんよ！

では、多数決をしてみましょう

民主主義の基本ルールを覚えていますか？
　忘れた方は 33 ページをご覧あそばせ。
　そう、1人1票の平等な選挙でしたね。
というわけで、多数決をしてみましょう。

1人ずつ平等に 100 ポイントを与えます。
するとイラストのような結果になります。

300 対 200 で、この政策は否決されました。

ところが、話はこれでは終わりません。

もっと現実に近づけてみましょう

本書の一番後ろにこの5人のカードがございます。
切り離して並べてみてください。
カードの裏側に数字が書いてありますね。

18歳	20歳	45歳	65歳	80歳
10	**60**	**90**	**90**	**40**
5	**18**	**45**	**63**	**24**

上段の**紫色の数字**はなんだと思いますか？
私が適当につけたものではございませんのよ。

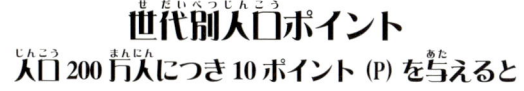

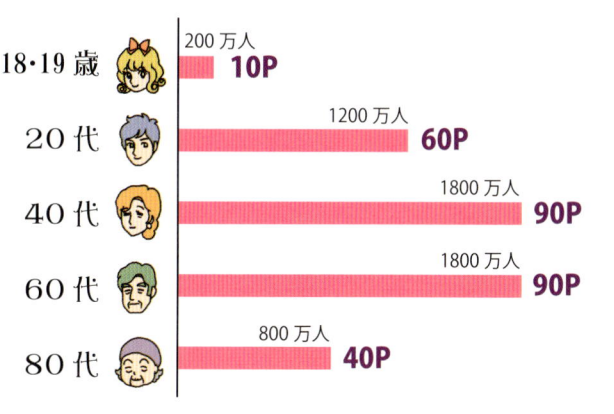

世代別人口ポイント

人口 200 万人につき 10 ポイント (P) を与えると

	人口	ポイント
18・19 歳	200 万人	10P
20 代	1200 万人	60P
40 代	1800 万人	90P
60 代	1800 万人	90P
80 代	800 万人	40P

人口によってポイントが違う

じつはこれ、
人口比に割り当てたポイントなんです。

人口 200 万人を 10 ポイントと考えましょう。
各世代のポイントは上のグラフのとおりです＊。

もちろん、現実の社会では、
同じ年代の中にも違う考えをもった人がいますが、
ここではうんと単純に考えます。

＊10 代は実際には 1200 万人いますが、選挙権を持っている 18 歳・19 歳は 240 万人です。ここでは計算しやすいように 200 万人とします。

差が30ポイントまで縮まった！

政策に反対 10 + 60 + 90 = 160

政策に賛成 90 + 40 = 130

30ポイント差で、なんとか政策は否決されました。

でも、じつは、この結果はまだ現実を反映していません。
なぜなら、全人口が選挙に行くわけではないからです。

さて、ここで投票率が問題になります。

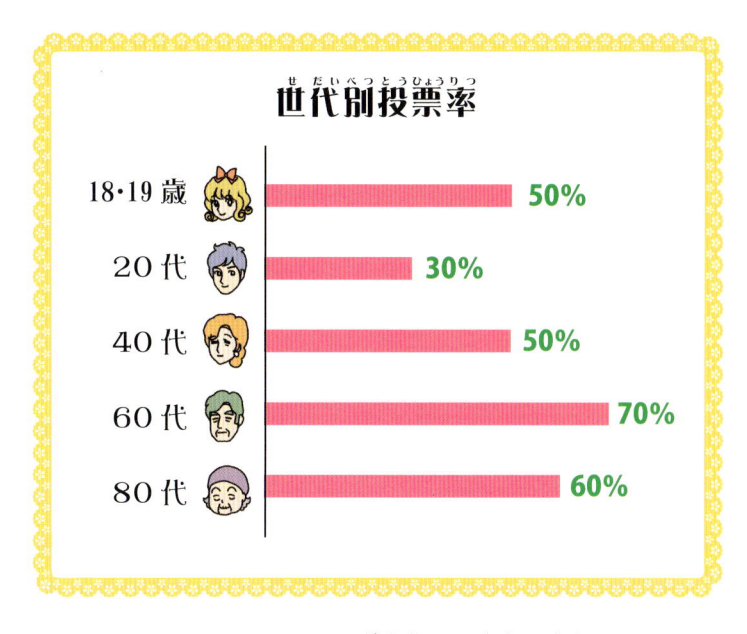

もうひとつの現実、投票率

各世代のおおよその投票率は上のグラフのとおりです。

20代の投票率はおよそ30％しかありません。
ほぼ3人に1人しか投票に行かないのです。
同じ20代として残念ですわ。

さきほどの人口比に、投票率をかけると
政策にどのくらいの影響力をもっているかという
ポイントが計算できます。

世代別人口ポイントに投票率をかけると

世　代	人口 (ポイント)	投票率	影響力 (ポイント)
18・19歳	10	× 0.5 (50%)	= 5
20代	60	× 0.3 (30%)	= 18
40代	90	× 0.5 (50%)	= 45
60代	90	× 0.7 (70%)	= 63
80代	40	× 0.6 (60%)	= 24

年代ごとのポイントで計算

世代別人口ポイントに投票率をかけました。
すると政策への世代別の影響力が分かります。

たとえば 20代は、人口 **60** ポイント→影響力 **18** ポイント
ほぼ 3 分の 1 になってしまいました。

それに対して 60代は、人口 **90** ポイント→影響力 **63** ポイント
20 代ほど変化は大きくありません。
投票率が高いためです。

では、この世代別影響力のポイントで投票してみましょう。

なんと、逆転してしまいます!

政策に反対 5 + 18 + 45 = **68** ポイント

政策に賛成 63 + 24 = **87** ポイント

なんと、逆転してしまいました。
もともとは2人対3人で反対派が勝つはずです。
ところが、人口比と投票率が影響すると逆転してしまうのです。
これが現実に起きていることなんです。

こうならないように、私たち若者の声を国に届けるため、
ぜひ選挙にまいりましょう!

ロールプレイングで遊んでみよう

皆さまもこのカードでロールプレイングゲームを
楽しんでみてください。

ゲームの遊び方

1. 1人ずつカードを引いて、自分の役割を決めます。
2. テーマを選びます。98〜116ページの中からどれか1つに決めます。
3. 引いたカードの人物になりきって発言してください。
   賛成か反対かは自由です。
4. 1人ずつ順番に、賛成か反対かを表明した上で意見を述べます。
5. 次ページの集計表で計算してみましょう。逆転は起こりましたか？
6. 慣れてきたら自分たちで自由にテーマを決めてやってみましょう。

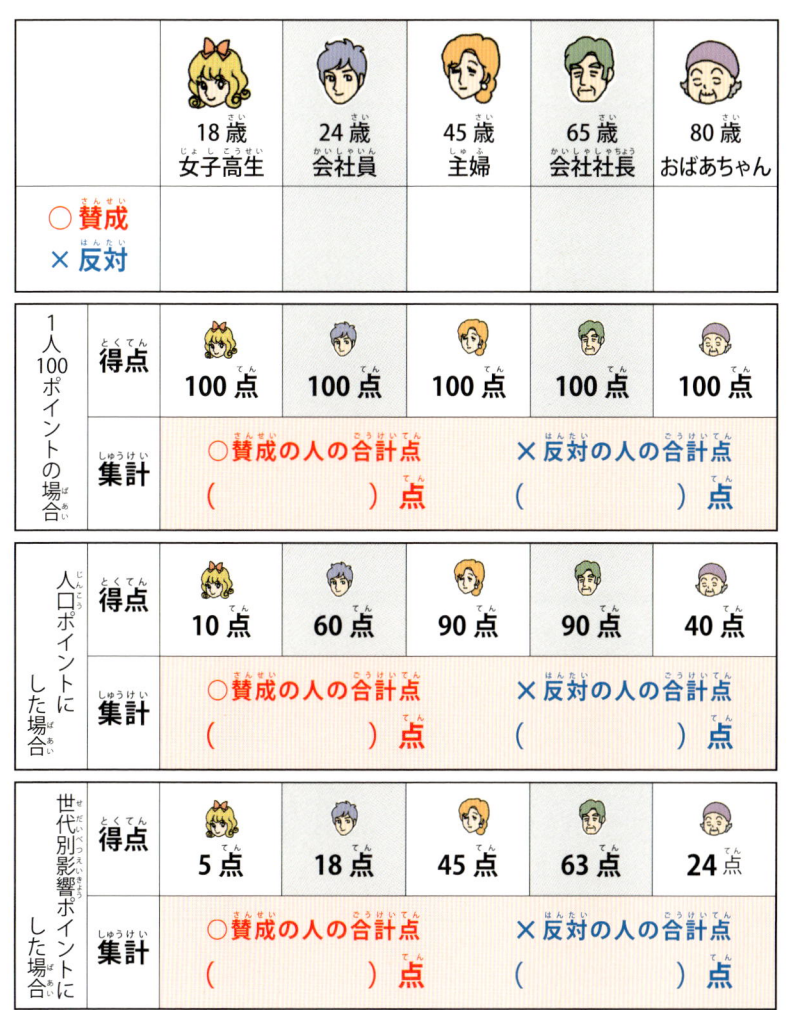

逆転投票シミュレーションゲーム 集計表

	18歳 女子高生	24歳 会社員	45歳 主婦	65歳 会社社長	80歳 おばあちゃん
○ 賛成 ✕ 反対					

1人100ポイントの場合

	18歳 女子高生	24歳 会社員	45歳 主婦	65歳 会社社長	80歳 おばあちゃん
得点	100点	100点	100点	100点	100点
集計	○賛成の人の合計点 （　　　　　　）点			✕反対の人の合計点 （　　　　　　）点	

人口ポイントにした場合

	18歳 女子高生	24歳 会社員	45歳 主婦	65歳 会社社長	80歳 おばあちゃん
得点	10点	60点	90点	90点	40点
集計	○賛成の人の合計点 （　　　　　　）点			✕反対の人の合計点 （　　　　　　）点	

世代別影響ポイントにした場合

	18歳 女子高生	24歳 会社員	45歳 主婦	65歳 会社社長	80歳 おばあちゃん
得点	5点	18点	45点	63点	24点
集計	○賛成の人の合計点 （　　　　　　）点			✕反対の人の合計点 （　　　　　　）点	

憲法と法律の違い

❖ルールってなぜあるの？

　たとえば、「車は左側通行」「赤信号は止まれ」といったルールがなかったら、怖くて道を歩けません。そのため、道路交通法という法律で安全運転のルールが決められています。法律を破れば罰金を払わされたり、刑務所に入れられたりします。

❖憲法と法律の違いって？

　憲法が一番えらくて、法律はその下にあるから、私たちは両方に縛られていると思っていませんか？　そうではないんです。憲法と法律の最大の違いは、縛る相手の違いです。憲法は権力者（政治をする人）を縛り、法律は国民を縛ります。憲法は権力を持つ者が好き勝手をしないように、権力を制限するためのルールなのです。

　法律は国民が従うルールです。国民の生活を便利にし、国民同士の権利を守るために法律が作られます。

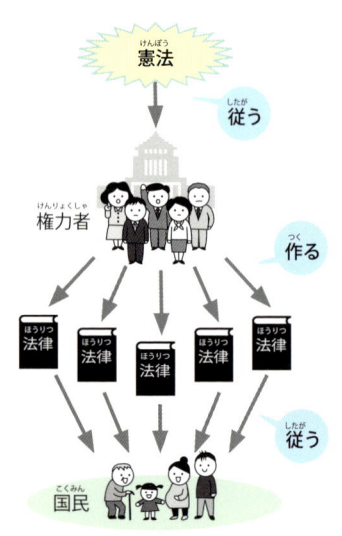

❖憲法がないとどうなるの？

　権力者がどんな法律を作ってもいいことにしてしまうと、中には法律のせいで不利益を受ける人が出てくるかもしれません。そうしたことのないように、憲法が法律に制限を加えているのです。

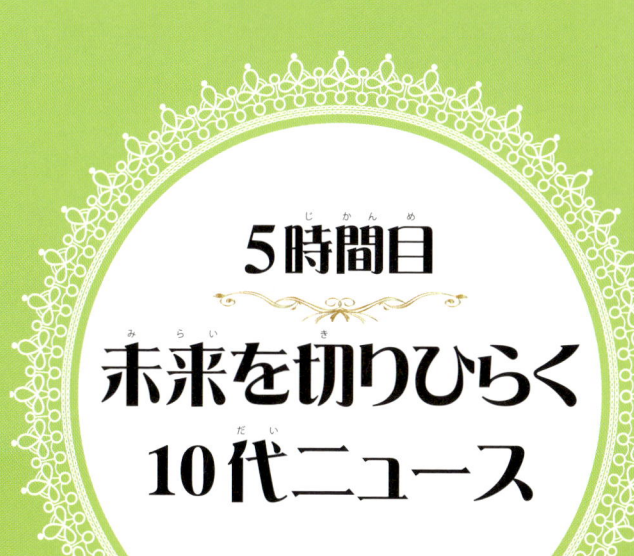

5時間目

未来を切りひらく10代ニュース

あの有名人の意外な青春時代をご紹介します！

10代だって無力じゃない！

私たち若者はもともと人口が少ないうえに、投票率も低いため、
政治的なポイントが少ないことが分かりました。

これではまるで、私たちは最初から負けが決まっているようです。
私たちには世界を変えることはできないのでしょうか？

もちろん、そんなことはございません。
ここでは、10代で世界を動かした人をご紹介したいと思います。

私は19歳のとき、お父さまに「芸人になりたい」と言ったら、
「遺憾である」と言われました。
ですが、反対を押し切ってお笑い芸人になり、
日本テレビの「ワラチャン！」でチャンピオンになりました。

ドラえもんの作者の高校時代

ドラえもんの作者をご存じですか？

そうです。藤子・F・不二雄さまです。
なんと、藤子さまは 17 歳で漫画家デビューしているんです。

そのデビューのきっかけは
新聞社に手紙を書いたことだそうです。

藤子さまは、一緒にマンガを描いていた藤子不二雄Ⓐさまと
1951 年（昭和 26 年）、『毎日小学生新聞』編集部に
自作の 4 コマ漫画と次のような手紙を送りました。

自分から漫画を売り込んだ

「ぼくたちは富山の高校生です。
手塚治虫先生の大ファンで、
『マァチャンの日記帳』からの愛読者です。
今、手塚先生の連載漫画がのっていないので、
かわりにぼくたちの漫画を連載して下さい」
というものでした。

そしてひと月後、藤子さまたちの描いた
『天使の玉ちゃん』が新聞に掲載され、
事実上のデビュー作となりました。

19歳のときの発明で億万長者に!

人と人がネット上でつながるSNS。
現在、世界で最も大きなSNSであるフェイスブックを
大学時代に発明した人は誰でしょう?

そう、マーク・ザッカーバーグさまです。
マークさまは世界のお金持ちトップ20人の最年少ですが、
お金には興味がなく、
いつも同じTシャツを着ていることで知られています。

高校時代のマークさまは超優秀で、プライドが高く、
友人はほとんどいなかったそうです。
大学に入ると、マークさまが作ったあるサイトのせいで
女子学生全員から嫌われてしまいます。

問題児から一発逆転の大発明!

なんと、マークさまが作ったのは、女子学生を
見た目で格付けするという、とても失礼なサイトでした。
サイトはすぐに閉鎖され、マークさまは大学から
要注意人物にされてしまいます。

けれど、マークさまは失敗にめげませんでした。
その半年後、19歳でフェイスブックを発明し、
マークさまは成功と、多くの友人を手に入れました。

マークさまはこう言っています。
「僕もみんなも大学生だ。だから自分に面白いものは
みんなにも面白くて便利なものになると思った」。
世界を変えるヒントは身近なところにありそうですね。

教育の権利のために命をかけた15歳

「私には２つの選択肢がありました。
１つは声を上げず、殺されるのを待つこと。
もう１つは、声を上げて、殺されることです。
私は後者を選びました。
私は声を上げようと決めました。」

これはある人のスピーチです。
誰の言葉か、分かりますか？

17歳でノーベル平和賞を受賞した
マララ・ユスフザイさまです。

17歳でノーベル平和賞を受賞

マララさまは、1997年、パキスタンで生まれました。
お父さまは学校の校長で、将来は医者を目指していたそうです。
けれど、2009年、過激な思想をもつタリバンは
女性の教育を禁じました。

マララさまは匿名で教育の必要性をネット上で訴え、
世界中から支持されて活動を広げていきます。
しかし、本名を公開したことによりタリバンから命を狙われ、
2012年、学校から帰宅途中に襲撃されて重傷を負いました。

奇跡的に回復したマララさまは、
女性の教育の必要性を訴え続け、2014年、
史上最年少でノーベル平和賞を受賞しました。

私たちだって社会を変えられる

10代で未来を切り開いた方を３人紹介しました。
でも、自分の夢を実現するって簡単ではありませんよね。

「マララさんのような力強いスピーチなんてできないよ……」
それは当然の感想かもしれません。

自分の運命を変えるには勇気や努力が必要ですが、
社会を変える方法として、私たちには
平等に与えられている権利がございます。
選挙権、つまり投票する権利です。

投票によって、願いを実現することができるのです。
若者の声を届け、社会を動かしませんか？

選挙の落とし穴
これってアウト？セーフ？

選挙の時にやってはいけないことがあるんです。間違ってしまうと逮捕されるかもしれませんのでご注意あそばせ。

Q1 日本では 2013 年にネット選挙が解禁されました。18 歳のお嬢様たかまつなな、が、電子メールを使い特定の候補者への投票を呼びかけました。これって、アウト or セーフ？

A アウトでございます。Twitter や HP を使った選挙運動は OK です。メールはダメなのです。候補者はメールしても OK です。

Q2 高校 3 年生のお嬢様が、18 歳以上のご学友のみなさまに分かりやすいよう、候補者全員の HP を調べて、印刷して配布しました。これって、アウト or セーフ？

A アウトです。候補者の HP や電子メールを印刷して配布してはいけません。

Q3 高校 3 年生だけど、まだ 17 歳のお嬢様。「小池さんの政策ヤバいから投票して〜」というツイートを見て、自分は選挙には行けないけど応援したくてリツイート。アウト or セーフ？

A アウトです。18 歳未満の人は、特定の候補者へ投票を求めてはいけません。拡散も禁止されています。ご注意ください。

Q4 25 歳になり選挙に立候補したお嬢様。優しいご学友が選挙スタッフを引き受けてくれ、住民の家を訪ねて投票を促してくださいました。アウト or セーフ？

A アウトです。戸別訪問は禁止です。アメリカでは認められており、直接意見を交わせるので、政策への理解が深まります。

6時間目

1分で分かる日本の課題

新聞を読んでなくても
何が問題かが分かります！

新聞を読んでいないあなたへ

ここからは、現在、日本で問題になっていることを
分かりやすくご紹介します。

皆さまにとって身近な問題から、
国会で議論されている問題までございます。

世の中にはいろんな考え方や立場の方たちがいるので
ひとつの課題に対しても簡単には解決策が見つかりません。
まさに「あちらを立てれば、こちらが立たず」で
政治家の方々も苦労をされているようです。

いろんな意見があっていい

これから紹介する 10 の課題について、
それぞれ「賛成」「反対」両方の意見を紹介します。

日本では法律に反しない範囲であれば
行動や発言の自由が認められています。
できるだけさまざまな意見を集めてみましたが、
皆さまの気持ちに近い意見はあるでしょうか？
逆に、反論したくなる意見はありますか？

それぞれの問題について細かい解説はできませんので、
疑問をもったら、新聞やネットで調べてみましょう。

公園でのボール遊びを禁止する

賛成派

高校生

夜遅くまで壁打ちするからうるさくて勉強できないよ！

会社員

子どもってボールが道路に出ると飛び出すやん？
事故になるんちゃう？

主婦

よits方にご迷惑がかかるといけないから、学校のグラウンドで遊んでくれた方が安心だわ。

社長

最近の子どもは遊んでばかりじゃないか。
子どもは遊ぶより勉強や家の手伝いの方が大事だ。

おばあちゃん

孫の子守りをしていたらサッカーボールが飛んできてベビーカーに当たったんだよ。そりゃもう怖かったさ。

お嬢様

ボール遊びをなさりたいなら、お庭にスタジアムを作ればよいのに。これだから庶民は！

危険でうるさいから禁止？　生活

いつの時代だと思っとる？

社長の子どもの頃は大変でしたのね…

子どものうちに少しは危ないことをしたほうがいいんだ　ワシもな…

パオーン

こい！

反対派

高校生

迷惑がかからない時間に遊べばいいんじゃん？
夜と早朝はダメってことにしたらどう？

会社員

子どもには少しくらい危ない経験をさせたらんと、危険予測ができない大人に育ってしまうで。

主婦

公園でボール遊びができなくなったら、きっと道路で遊ぶわ。
心配よ。家でゲームばかりやるようになっても困るわ。

社長

子どもの運動不足は心と体の成長に悪い影響を与えるんだ。
子ども時代は遊ぶのが仕事だよ。

おばあちゃん

子どもに遊ぶなって言うのかい！
自治体がフェンスやネットを取り付けておやりよ。

お嬢様

庶民のささやかな楽しみを取り上げてはいけませんわ。
クーデターがおきましてよ。

救急車を有料にする

賛成派

高校生

指切ったくらいで呼ぶなっつーの。死にそーな人が呼んだときに救急車がいなかったらどーすんの？

会社員

救急車を1年に100回も呼ぶやつがおるんやて。
迷惑もええとこや。

主婦

救急車の維持と管理で年間2兆円かかるんですって。
ただでさえ医療費には税金が使われすぎているのに無駄よ。

社長

アメリカでは2万円から5万円が普通らしいよ。
だから日本も有料化でいいんじゃないかな。

おばあちゃん

わしらが若い頃はタクシー代わりに救急車を呼ぶような愚か者はおらんかった。タクシーより高くしたらええのじゃ。

お嬢様

救急車を呼ぶのは、おいくら？　通学のために使っていいのでしたら、お金ならいくらでも積みますわよ。

救急車はタクシーなの？ 　医療

ファンタスティ〜ック！

ピーポーピーポー

オー！ムリョーウ

あちらに見えますのが無料の救急車でございます

反対派

高校生

子どもの病気は緊急かどうかの判断がむずかしいんだって。
救急車が呼びにくくなって手遅れになったらどーすんの？

会社員

具合悪いのを我慢しすぎて亡くなる人をなくすのが先や。
必要な人がちゃんと利用できるように徹底してほしいわ。

主婦

お金持ちから税金をたくさんとればいいわ。
救急車の台数も増やしたらどうかしら？

社長

悪質な利用を防ぐためには、有料化以外にも方法があるんじゃないかな。たとえば軽症者からだけお金をとるとか。
パリでは重症者は無料、それ以外は3万円かかるそうだよ。

おばあちゃん

貧乏な年寄りには救急車は呼べないねえ。
天国からお迎えがくるのを待つしかないねえ。

お嬢様

庶民でも救急車が利用できるなんてびっくり！
さすが日本の「おもてなし」文化！

大学までの学費を無料にする

賛成派

高校生

タダで？　やったー！　私も大学に行きたい！

会社員

アルバイトの負担が減るから、そのぶん勉強に打ち込めるやろ。俺ももっと勉強できとったらよかったな。

主婦

経済的理由で進学を諦める子が減るのはいいことね。

社長

少子化により、今後は少ない人数で日本を支えなくてはいけなくなる。だから一人ひとりの能力を上げる必要がある！

おばあちゃん

教育費の負担が減れば、子どもを産みやすくなるじゃろ。少子化も解決して一挙両得じゃ。

お嬢様

庶民も教養を身につけられる時代なのね！
ご一緒にテーブルマナーをお勉強いたしましょう！

東大生は金持ちばかり？　教育

反対派

高校生
タダになったら親が大学に行けって言うから、勉強しなくちゃいけなくなる！

会社員
俺は貧しい親の家計を支えるために、大学に行かずに就職したんやで。なんで俺が稼いだ金で金持ちの子どもを大学に行かせなあかんねん！

主婦
タダだと思うと勉強しないんじゃない？
大学に遊びに行く学生のために高い税金を払うのはイヤよ。

社長
子どものためにお金を使うなら、保育園を増やすほうがいい。
幼児教育に費用を投じたほうが教育効果は高いそうだ。

おばあちゃん
親が金持ちでないと塾に行けんから、いい大学に入れないらしいじゃないか。かわいそうに。

お嬢様
無償化と割引クーポンにすぐに食いつく！
これだから庶民は！

学校の新年度を9月にする

大賛成！

こんな留学生が増えるかも

賛成派

高校生

9月に卒業すれば海外の企業に就職できちゃうかもね？
英語の勉強がんばっちゃおうかな！

会社員

世界に合わせることで働き方も変わっていくやろ。中途採用が主流になれば、社会の流動性が高まってええんちゃう？

主婦

留学しても卒業が延びなくなるのね。
それならうちの子も行かせられるわ。

社長

アメリカ、イギリス、フランス、ロシアなどを始め、海外の新学期は9月のところが多い。日本も同じにすれば、きっと優秀な留学生がたくさん来てくれるだろう。

おばあちゃん

寒い季節の入試は受験生がかわいそうだからね。

お嬢様

夏休みの宿題がなくなりますわ。プライベートジェットで週3回、世界中にお見合いに参ります！

入学時期を世界基準に　教育

反対派

高校生

高卒で就職したい子は、卒業と就職がずれると半年間ニートになっちゃうよ！

会社員

留学する前に半年くらいギャップが必要や。
その間に語学の勉強とか、ゆっくり準備したらええねん。

主婦

お役所の会計年度や企業の入社式は4月始まりでしょ。
学校の年度と時期がずれるのは都合が悪いんじゃない？

社長

日本には日本の文化がある！
外国にあわせる必要はない！

おばあちゃん

卒業式と入学式には桜がなくちゃ話にならん！

お嬢様

すぐにおフランスに憧れる。これだから庶民は！

政治家になる権利を18歳からにする

賛成派

高校生

私が大勢の人たちの代表になるのは無理だけど、ニュースくらいチェックしとこうかな。

会社員

今は若い政治家言うてもせいぜい30代や。俺から見たらオッサンや。同年代の政治家がもっと増えてほしいわ。

主婦

友達が政治家になったら、子どもたちも政治に興味が持てるんじゃないかしら。

社長

18歳から投票できるのに、立候補が25歳から＊っていうのは不公平だろう。

おばあちゃん

世界には高校生の政治家だっておる。
うちの孫にも頑張ってほしいもんじゃ。

お嬢様

私も被選挙権があれば立候補しますわ。マニフェストは「通勤ラッシュがイヤならリムジンに乗ればいいのに」ですわ！

＊現在の法律では、衆議院議員や都道府県の議会議員、市町村の議会議員、市町村長の被選挙権は満25歳以上、参議院議員と都道府県知事が満30歳以上になっています。

高校生議員誕生！ 政治

反対派

高校生
引き下げても、どうせ誰も立候補なんかしないよ！

会社員
若いうちは知名度が低いし、信用してもらえへん。
政治家の子どもしか政治家になれんのとちゃう？

主婦
若いうちから政治活動をすると、変な思想をもった人に洗脳されやすいんじゃないかしら。

社長
若者には供託金＊なんか払えるわけないだろう！

おばあちゃん
若いもんは経験不足じゃ。政治なんか任せられん！

お嬢様
庶民の 18 歳なんて教養がないですわ！
ルーブル美術館をご覧になってからになさいませ。

＊供託金とは、選挙に立候補するときに預けるお金で、得票数が少ないと没収されます。市（区）議会議員選挙で 30 万円、国会議員選挙だと 300 万円必要です。

消費税を増税する

賛成派

高校生
年金のお金が足りないから消費税が上がるんだって。
お年寄りに優しい日本なら、自分が年取っても安心だよね。

会社員
所得税や法人税に比べると、消費税は全員から広く薄く取るから平等な税金なんや。

主婦
ノルウェーでは消費税が25％だそうよ。その代わり、大学までの教育費も医療費も無料なんですって。羨ましいわ。

社長
今の日本には1000兆円の借金がある。国民1人当たり、およそ800万円だ。今すぐに消費税を上げて返済しないとたいへんなことになる！

おばあちゃん
増えたお金はわしらの医療費に使われるそうじゃ。
これで死ぬまで安心じゃ。

お嬢様
あらまあ、たった2％の値上げで大騒ぎね。
私がキャビア税、フォアグラ税、マカロン税を払いますことよ。

レベル2 ✿✿✿

ヨーロッパでは 20% 以上も ?!　　経済

反対派

お年玉とおこづかいを貯めてブランドバッグを買おうと思っていたのに、消費税分が足りなーい！

高校生

貧しいもんの生活がますます苦しくなってまうやろ。軽減税率＊を徹底するべきや！

会社員

消費税が上がるとみんな買い物をしなくなって、ますます景気が悪くなるんじゃないかしら？

主婦

女房が金よこせって。海外旅行ばっかり行くな！　ムダ使いばかりしやがって。国も同じだ。議員の数と給料を減らせ！

社長

今の若者は生活が苦しいそうじゃないか。若者に迷惑かけんでも、自分の医療費くらい年金で払わんと。

おばあちゃん

消費税が上がったら、この本が売れませんわ！　夢の印税生活だったのに。こうなったらタワーマンションを買い占めて家賃生活よ！

お嬢様

＊軽減税率とは、食料品など生活必需品の消費税を無料にしたり安くしたりする制度で、海外では一般的です。日本では2019年10月から導入が予定されています。

原発を廃止する

賛成派

高校生
世界の主流は原発廃止だってさ。日本、遅れてるぅー！

会社員
発電の際に出る放射性廃棄物は危険なんや。
原発を続けるなら使用済み核燃料の問題を解決せなあかん。

主婦
もし事故が起こってしまったら莫大なコストがかかるわ。
人命はお金で買えないし、世界の信用だってなくすのよ。

社長
東日本大震災のときのような原発事故が起きる可能性がある
以上、一時的にせよ全面停止しなければ危険だ。

おばあちゃん
原発ばかりに頼らんでも発電の仕組みは他にもあるじゃろ。
太陽光発電、海流発電、バイオマス発電、いろいろあるぞよ。

お嬢様
私のひいおじいさま＊は「日本の応用化学の父」と呼ばれて
おりますの。ひいおじいさまの名にかけて、この私が画期的
な代替エネルギーを発明しますわ！

＊高松豊吉（1852-1937年）　東京帝国大学（現在の東京大学）名誉教授。東京ガス社長な
どを務め、日本の化学技術の発展に大きく貢献しました。

新エネルギーの可能性は？ 生活

反対派

高校生

夏の暑いときに電力不足で冷房がきかないとか、マジやだ。
日本の夏は蒸し暑いんだから、他の国とは事情が違うよ。

会社員

原発と核兵器を作る技術は同じじゃ。核兵器を作る技術がある
日本ならば、どの国も攻めてこんやろ。

主婦

電気料金が値上がりしたら家計も日本経済もピンチよ。
原発はいちばんコストのかからない方法なのよ。

社長

日本の原子力発電のレベルは世界でもトップクラス。
海外へ技術提供すれば儲けられる。

おばあちゃん

火力発電は二酸化炭素が出るから温暖化の原因じゃ。風力
発電は鳥を巻きこむ。原発がいちばんましじゃ。

お嬢様

よく考えてみましたら、私は文系でしたわ。新エネルギーの
開発はできそうにございません。ごめんあそばせ！

年金制度を廃止する

賛成派

高校生

うちら若者が絶対に損するシステムじゃん。
払う額の方がもらう額より多いなんてバカみたい！

会社員

年金制度は働いている人からお金を集めて高齢者に配分してるんや＊1。このままだと少子化でシステムは崩壊や！

主婦

セーフティネット＊2 が目的ならば、年金をやめて生活保護を受けやすくすればいいんじゃないかしら？

社長

年金が崩壊する原因は少子化だ。
少子化対策に予算を回し、労働人口を増やした方がいい。

おばあちゃん

わしゃあ老い先短いし、タンスにいっぱい貯金もある。
もう金はいらんから若いもんに回してもらってかまわん。

お嬢様

庶民は年金を払うのにも苦しんでいるんですわ。
だって別荘すらお持ちでないのに。お気の毒ですわ。

＊1 このシステムを賦課方式といいます。
＊2 セーフティネットとは、人間らしく生きるための生活を保障する仕組みです。

レベル3
★★★

本当にもらえるの？　福祉

反対派

高校生

年金って必ずもらえるんでしょ？
安心して長生きできるって、いいシステムだよね！

会社員

自分で貯金しとけばいい *3 なんて言われても困るわ。
物価が10倍になったらどないすればええんや？

主婦

お年寄りの中には世話をしてくれる人がいない独居老人も
多いわ。お金がなくちゃ困るでしょう。

社長

俺もやっと年金を支給される年になったんだ。
廃止なんて冗談じゃないぞ。

おばあちゃん

わしらが子どもの頃は新幹線も高速道路もなかったんじゃ。
努力したわしらがいっぱいもらって当然じゃ。

お嬢様

平凡な庶民の皆様がアリのように働いて、雀の涙ほどの年金
さえもらえないなんてお気の毒すぎますわ。

＊3 積立方式と呼ばれる方法です。将来の物価変動などのリスクを考えると安全とは言えません。

普天間基地を辺野古に移設する

賛成派

高校生

普天間基地の近くには学校がいっぱいあるじゃん。
米軍の飛行機がうるさいし、近くを飛ぶから怖いよね？

会社員

米軍がおらんと日本の安全は守れんのや。アメリカとの約束を守らんと、日本は国としての信用もなくすんちゃう？

主婦

サンゴを守るより人命を守る方が大事でしょう？
人が多い普天間よりは辺野古の方がいいじゃない。

社長

辺野古の住民には、基地が移設されることで地元の経済が活性化すると言って喜んでいる人だっているんじゃないか？

おばあちゃん

辺野古の人には悪いが、わしの住んどる巣鴨に移設されるよりはええかのう。

お嬢様

人が密集している普天間から基地をなくし、別の目的に使いましょ！　そう、私の別荘とか！　皆さまのために晩餐会を開催しますわ！

住宅密集地か、自然豊かな土地か？ 　防衛

注：たかまつ家ではマンガは禁止でした

反対派

高校生

親戚が普天間でアメリカ人向けのお店をやっててさ。軍人さんがいなくなったらお店がつぶれちゃうって泣いてた。

会社員

これからの日本はアメリカに頼らず、独自の軍隊と核兵器を持つべきや！　米軍基地は縮小でええんちゃうか？

主婦

辺野古の貴重な動植物が基地を作ることで失われてしまうわ。環境破壊よ！

社長

米軍基地を作るお金があるなら、もっと他に回してほしい！「思いやり予算」で年間2000億円＊は出しすぎじゃないか？

おばあちゃん

沖縄は日本の面積のたった0.3％の土地に米軍基地の7割を抱えておる。本土に移設して負担を軽くしてはどうかのう。

お嬢様

辺野古は、私の庭ざます！　夏休みにジュゴンを見るのを楽しみにしておりましたのに……

＊思いやり予算とは、在日米軍のために日本が負担している予算の通称です。ここ数年は毎年2000億円弱かかっています。

憲法を改正する

賛成派

高校生

憲法を変えれば、花子ちゃんと春子ちゃんが結婚できるようになるんだって！*

会社員

他の国に比べて日本の憲法はめっちゃ変更しづらいねんて。もっと変えやすくしたらこんなに揉めんでええんちゃう？

主婦

敗戦時にアメリカから押しつけられた憲法なんでしょう？日本人の手で作り直した方がいいんじゃないかしら。

社長

今の憲法9条のままでは日本を守れない。防衛権を明示して自衛隊を軍隊にするべきだ！

おばあちゃん

憲法も72歳。わしと一緒で年を取りすぎた。時代遅れと言われてもしょうがあるまい。

お嬢様

庶民のみなさまのために、私が庶民憲法を考えてさしあげますわ！

＊日本国憲法では「婚姻は、両性の合意のみ」により成立すると定められていて、この表現をどう解釈するかについても意見が分かれています。

レベル3 ★★★ 時代遅れか、平和の象徴か？　政治

反対派

高校生

今までなんも不自由なかったのに、変える必要なくない？

会社員

議論が成熟しないうちに国民投票＊をするのは反対や。
あとで後悔する結果が出るかもわからん。

主婦

誰が作ったかより、内容が大切よ。日本はこれまでも外国からいいものを取り入れて文化を作ってきたんですもの。

社長

現行の憲法9条のままでも日本の防衛はできる。
自衛隊は今のままでいいじゃないか。

おばあちゃん

今の憲法のおかげで、わしらは70年間平和に暮らせたんじゃ。また戦争に行くつもりなのかい？

お嬢様

憲法9条でノーベル平和賞を受賞しましょう！
お祝いに記念碑を作って、世界に平和を発信しましょう！
え？　作る場所がない？　では私のお庭にどうぞ。

＊憲法を改正するためには、国会議員の3分の2以上の賛成で国民投票を行います。投票した国民の半分以上の賛成が必要です。

総務省制作　主権者教育動画

「まなべ！センキョッキョ」

© GACHAMUKKU

総務省が主権者教育動画

「まなべ！センキョッキョ」を制作しました。

ガチャピン・ムックと、
お選挙お姉さん「たかまつなな」が出演しています。

動画は

「大きな財布の使い道」「民主主義とは」
「投票の不思議」

の３本立て。

日常生活や学校で体験する身近な出来事を題材に、
政治や選挙についてコミカルに学べます。

授業で、ご家庭で、ぜひご活用ください！

http://www.soumu.go.jp/senkyo/senkyo_s/news/
senkyo/manabe_senkyokkyo/index.html

もっと政治を知る方法

　「政治って楽しい！もっと勉強したい！」「選挙に行きたい！」
そう思ってくださったあなたへ、楽しく勉強するために、私の
会社、笑下村塾の活動をご紹介いたします。ぜひ、ご一緒に政
治を考えましょう。

❖お笑い芸人の出張授業
あなたの学校で授業します！
「笑える！政治教育ショー」
「笑って学ぶ国際協力・SDGs」
「自分の夢の見つけ方」
「人を惹き付けるプレゼンテーションの作り方」
など盛りだくさんでございます。
詳細は笑下村塾のHPで！
出張授業の動画もあります。

https://www.shoukasonjuku.com/

❖ YouTube「たかまつななチャンネル」
たかまつななチャンネルでは、
社会問題の当事者へ取材したり、
お笑いのネタをしたりしています。
気軽に学ぶことができます。

https://www.youtube.com/user/takamatsuch

お笑いジャーナリストとして、これからも
お笑いを通して、社会問題を発信し続けますわ！

世界のおもしろ選挙

世界には愉快な選挙がたくさんございます。投票率を向上させるため、工夫が施されています。ご紹介しますわ！

❖ 男女ペアじゃないと立候補できない！ —フランス

おフランスでは、世界で初の男女ペア方式が、2015年の県議会選挙で行われました。男女でペアを組んで立候補するのです。最も多くの票を獲得したペアが当選します。これを導入したおかげで県議会の女性比率は14%から50%になりましたの。

❖ ソーセージの屋台につられ、投票率は93%！ —オーストラリア

オーストラリアの選挙は、まるで地元のお祭りです。投票所となる地元の学校や教会、公共の施設へ行くと、ソーセージやスイーツなど、さまざまな屋台が立ち並びます。さらに投票は国民の義務とされ、投票しないと罰金(約1600円)が科されます。

❖ 投票しないと給料なし！ —ボリビア

ボリビアでは「投票した証明がないと3か月間給料を受け取れない」という決まりがございます。投票証明書を提示しないと給料を銀行から引き出せないんですって！選挙の3日前から飲酒が禁止、選挙の日は交通機関やお店もお休みになります。

❖ 候補者を釘で刺す?! — インドネシア

インドネシアでは、投票用紙に釘を刺して投票します。なんとペンで名前を書かないのです。理由は、字の読み書きができる人が少ないからだそうです。字の読めない人のために、投票用紙は候補者全員の顔写真や政党のマークが入っています。

放課後

悪い政治家を
見抜く
人狼ゲーム

付録のカードを使って
遊んでくださいませ！

悪い政治家を見つけ出せ！

この議題に賛成？反対？

政治について話すことを楽しいと感じていただくために、
若い人に人気がある「人狼ゲーム」の改良版を作りました。

5人以上でできるゲームです。
ある議題について、賛成か反対か、
役割に従って話し合っていただきます。

あるテーマについて、2人の政治家に
「賛成」「反対」に分かれて意見を述べてもらいます。
テーマは本書の中から選んでもいいですし、新聞記事や
学校など身の回りの話題でもかまいません。

まずはカードの役割をご説明します。

4つの役職がございます。
悪い政治家（1人）、悪い秘書（1人）
良い政治家（1人）、有権者（2人以上）です。

5人で遊ぶときは有権者は2人です。
6人以上のときは有権者を増やしてください。

悪い政治家と悪い秘書は同じグループです。
良い政治家と有権者も同じグループです。

● 悪い政治家

悪い政治家は、良い政治家のふりをして、自分が当選するように頑張ってください。
そして自分の意見をなんとしてでも通してください。

● 悪い秘書

悪い秘書は、有権者のふりをしながら、議論をかきまわしてください。はじめはわざと反対しておいて途中で意見を変えたりして、悪い政治家が当選するように、有権者を惑わせてください。

● 良い政治家

良い政治家は、自分の意見を通し、有権者の支持を得て、当選を目指してください。

● 有権者

有権者は、悪い政治家を見抜いて、良い政治家を当選させてください。
有権者のなかには、じつは悪い秘書が潜んでいるので注意してください。

有権者は、周りに惑わされないようにしましょう。

政治家が政策に賛成か反対かは、
政治家の良い・悪いとは関係ありません。
このゲームの面白さは、政治家の意見の正しさではなく、
どちらが悪い政治家か、誰が悪い秘書かを見破ることです。

では実際に遊んでみましょう。

ゲームに参加しない人に、127ページの
「ゲームの進め方」を読んでもらいながら進めます。

学校で遊ぶ場合は、
先生に「ゲームの進め方」を読んでもらい、
みんなで一斉に進めるのがおすすめです。

ゲームのタイムライン

【ゲームの準備】

巻末のカードをミシン目で丁寧に切り取ります。

5人ひと組でグループを作ります。

6人の場合は予備のカードを使ってください。

①カード配布、議論テーマ提示、役職確認	3分
②政治家の演説	1分（30秒×2人）
③有権者の主張	45秒（15秒×3人）
④議論	3分
⑤政治家の最終演説	30秒（15秒×2人）
⑥投票、ふりかえり	1分〜

注　意

- ルール説明の時間は含まれていません。
- 高校生は8割以上が人狼ゲームで遊んだ経験があります。

　指導する方が知らなくても、実際にやってみればすぐルールを理解

　できますので、ぜひ遊んでみてください。

- 所要時間は最低15分、長めの場合は30分です。

　時間があるときは全体の進行に余裕を持たせてください。

- 時間配分はあくまで目安です。

　学年や生徒さんの理解度によって変更してください。

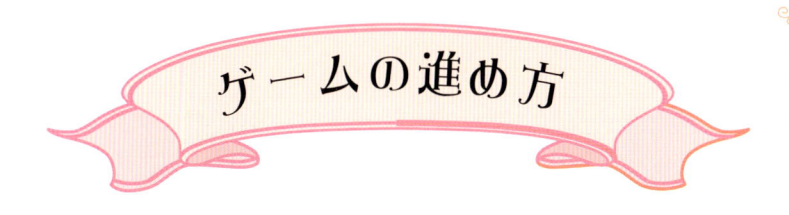
ゲームの進め方

読み手は太字部分を読み上げ、みんなの様子を見ながらゲームを進めます。◯の部分は声に出さず、書かれたとおりにしてください。

このゲームは悪い政治家を見抜く「人狼ゲーム」です。
ゲームで使用する役職カードは、悪い政治家、悪い秘書、
良い政治家、有権者の4種類です。

みんなにカードを見せる

議論にはトークテーマがあり、それに基づいて、
悪い政治家を見つけるゲームです。
ルール説明をしながらゲームを進めていきましょう。
まずはカードを配ります。
配られたカードは他の人に見られないように
こっそり見て、伏せておいてください。

カードを裏返して配る

今回の議論テーマはこちらです。

議論テーマを出す

（議論テーマは 98 〜 116 ページから選びます。
自分の意見を考えるのが大変な場合は、本に書いてある意見の中から
好きなものを選んでもらってもかまいません。）

ではみなさん、目を閉じてください。

全員が目を閉じるまで待つ

悪い政治家の方だけ、目を開けてください。
今回の悪い政治家は、さきほどの
議論テーマに対してこの意見です。

賛成カードか反対カードのいずれかを示す

では悪い政治家の方、目を閉じてください。
そして良い政治家の方は、目を開けてください。
良い政治家は議論テーマに対してこの意見です。

賛成カードか反対カード、「悪い政治家」とは逆を示す

良い政治家の方、目を閉じてください。
続いて悪い秘書の方、目を開けてください。
悪い政治家の方は目を閉じたまま、
静かに小さく手を上げてください。
この人が悪い政治家です。
悪い秘書は有権者のふりをしながら
悪い政治家が当選するように他の有権者を惑わせましょう。
悪い政治家の方、手を下ろしてください。

全員、目を開けてください。
それでは議論スタートです。

「政治家カード」を引いた方は立候補（挙手）してください。
どちらが先に意見を述べるか決めてください。

> じゃんけんなどで決めてもらう

最初の政治家の方に演説していただきます。
では、演説タイム 30 秒スタートです。

> 1 人目の政治家の演説を 30 秒計る

はい、演説タイム終了です。
続いての政治家の演説タイムスタートです。

> 2 人目の政治家の演説を 30 秒計る

演説タイム終了です。つぎは有権者の主張です。
有権者は賛成なら○、反対なら×のカードを上げてください。
悪い秘書と有権者は、○と×を途中で変えてもかまいません。
では、賛成か反対か、あげてください。

> 「せーの！」と掛け声をかけてカードを上げさせる

1 人ずつ、なぜ賛成か反対か、理由を 15 秒で語ってください。

> 有権者の意見を 1 人 15 秒ずつ計る（×人数分）

全員の意見が終わりました。つぎは議論です。
悪い秘書の方は、有権者をかきまわして、
悪い政治家を当選させましょう。
有権者の方、この中に 1 人悪い秘書がいます。
あなたと同じ意見を出している人が悪い秘書かもしれません。

政策よりも、どちらが悪い政治家か？　誰が悪い秘書か？
を中心に話すと盛り上がります！
頑張って悪い政治家を見抜きましょう。
（6人グループのところは、
有権者の方で意見が言えていない方がいると思いますので、
その方が意見を言ってから議論をスタートしてください。）

では、3分間議論、スタートです。

議論を3分計る

議論終了です。それでは政治家の最終演説です。
負けている政治家の方、悪い政治家だと疑われています。
有権者を信じさせましょう。
勝っている政治家は、このまま頑張ってください。
先ほどと逆の順番で15秒ずつ演説をしてもらいます。
では最初の政治家の方、演説を始めてください。

1人目の政治家の最終演説を15秒計る

演説終わりです。
もう1人の政治家の方、演説を始めてください。

2人目の政治家の最終演説を15秒計る

演説終わりです。では、投票です。
「せーの！」と言ったら、みんなで一斉に
当選させたい政治家と同じ意見のカードを出します。
ではいきます。

「せーの！」と掛け声をかけて全員にカードを上げさせ、
当選した政治家が誰かを確認する

では、悪い政治家の方、手をあげてください。

みんなの反応を見て、「見抜けましたね〜」または
「見抜けませんでしたね〜」などと声をかける

では、悪い秘書の方、手をあげてください。

みんなの反応を見て、「見抜けましたね〜」または
「見抜けませんでしたね〜」などと声をかける

みなさん、ゲームはいかがでしたか？
悪い秘書に惑わされませんでしたか？

　実際の選挙にも、悪い秘書はいるかもしれません。
それは、もしかしたら、テレビや新聞かもしれない、
学校の先生かもしれない、家族や友達かもしれません。
その情報を信じていいのか、必ず疑う必要があります。

信頼できる情報を集めて、自分で考えて、自分の意思で投票する。
これが、選挙なんです。
とても難しいことです。
だから、18歳以上にしか与えられていない権利なんだ、
ということを、ゲームを通して感じてもらえたら嬉しいです。

職員会議

私が出張授業を行うときの時間配分の目安です。
主権者教育を授業に導入する際の参考にしてください。

たかまつなな「笑える！政治教育ショー」授業内容

コンテンツ	本書の ページ	内　容	30分	45分	60分	90分
①導入		挨拶やアイスブレイクで場をなごませます。	1	3	10	10
②3分で分かる 民主主義	37	「選挙って？」「民主主義って？」 超高速パワポ芸で説明します。	7	7	7	7
③選挙に行かない と損する仕組み	61	若者に使われている予算がどのくらいか確認し、選挙に行かないと損をすることを実感します。	10	10	10	10
④逆転投票 シミュレーション	71	与えられたカードの役になりきり、実際に討論してから投票します。 人口ポイント、投票率によって結果が逆転することを知ってもらいます。	12	25	25	25
⑤未来を切り ひらく 10代ニュース	85	「私たちにはどうせ社会は変えられない」と思っている若者たちに、世界を変えた10代の実例を楽しく紹介します。	×	×	5	5
⑥悪い政治家を 見抜く 人狼ゲーム	121	「選挙」で誰を選べば良いのか？ 若者に大人気の人狼ゲームをモチーフとし、悪い政治家を見抜くゲームをやります。	×	×	×	25
⑦まとめ・質疑・ アンケート		授業の感想を記入していただきます。	×	×	3	8

＊授業の前に5人1組のグループを作ってください。

＊反応や理解度によって変更が必要になることがあります。

クラブ活動

笑下村塾　学生記者募集！

笑下村塾では、若者の声を社会に届けるために
学生記者を募集しています。
小学生～大学生までが、さまざまなメディアを通して
自分の意見を発信する場を提供し、サポートしています。

自分で取材してみたい、何か伝えてみたい、という方は
ぜひ **株式会社　笑下村塾** の HP からご応募ください。

あなたの声が社会を変えます。
違和感やもやもやを発信しましょう！

https://www.shoukasonjuku.com/studentreporter

図書室

この本を書くために参考にした本です。

・朝日新聞社編『朝日キーワード 2017』朝日新聞社、2016

・東照二『選挙演説の言語学』ミネルヴァ書房、2010

・飯尾潤『日本の統治構造―官僚内閣制から議院内閣制へ』中央公論新社（中公新書）、2007

・池上彰『池上彰のあした選挙へ行くまえに』河出書房新社（河出文庫）、2016

・小黒一正『2020 年、日本が破綻する日』日本経済新聞出版社、2010

・小黒一正『アベノミクスでも消費税は 25% を超える』PHP 研究所、2013

・甲斐信好『プレステップ政治学〔第 2 版〕』弘文堂、2014

・久米郁男・川出良枝・古城佳子・田中愛治・真渕勝『政治学〔補訂版〕』有斐閣、2011

・佐々木毅『民主主義という不思議な仕組み』筑摩書房（ちくまプリマー新書）、2007

・新聞ダイジェスト別冊『18 歳からの選挙ハンドブック』新聞ダイジェスト社、2016

・鈴木寛監修『ドラえもん社会ワールド―政治のしくみ』小学館、2015

・砂原庸介『民主主義の条件』東洋経済新報社、2015

・田辺俊介編『民主主義の「危機」― 国際比較調査からみる市民意識』勁草書房、2014

・日本ニュース時事能力検定協会監修『2016 年度版 ニュース検定公式テキスト「時事力」発展編』2・準 2 級対応、毎日新聞出版、2016

・早稲田大学マニフェスト研究所シティズンシップ推進部会編『実践 学校模擬選挙マニュアル』ぎょうせい、2016

スペシャルサンクス

　「笑える！政治教育ショー」は、1人のお笑い芸人の挑戦を、たくさんの方がクラウドファンディングでご支援してくださり、行うことができました。

　さらに、この活動をもっと広げたいと願う方々がいらっしゃり、書籍化プロジェクトが始まりました。本書はクラウドファンディングでご支援いただいた方のご協力により、全頁イラスト入り、さらにカラーで出版することができました。ここにお名前を掲載できなかった方々も含め、みなさまのご協力に心より御礼申し上げます。

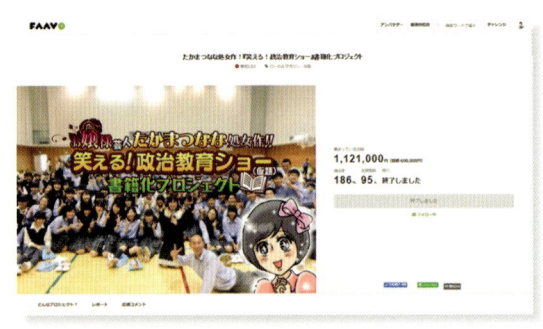

プロジェクトは終了しています。

🌸 編集会議にご参加いただいた方々（50音順、敬称略）

飯田　寿治	片岡　英彦	田島　義久	本間　良一
岩渕　直樹	金井塚優樹	鶴見　有貴	みのるチャチャチャ♪
大久保　謙	齋藤　政憲	中村　智司	山崎聡一郎
大村　健一	島田　貴光	那須野純花	山根　康二
甲斐　信好	下村　健一	本間　直人	

🌸 写真提供

山崎聡一郎	拓殖大学第一高等学校
若羽メディアパーティ	茅ヶ崎市立松浪小学校
札幌市立札幌開成中等教育学校	

❧ ご支援いただいた方々 （順不同、敬称略）

田島　義久	野添　郷子	天風　浩一	中村智津留
芦谷　公崇	鳥居　示幸	小林　琢磨	新庄　祐子
片野実可子	中島ゆうき	takashi	羽坂　征高
本間　直人	齋藤　勇一	さかもとすみよ	長谷川　孝
仁木　崇嗣	関根　健司	森川　成海	髙橋　真人
AlwaysWithSmile	横山　英信	藤本　高広	とってぃ
甲斐　信好	10かめ	飯田　寿治	青沼　奈緒
たかまつはなの父	神代　伸彦	岡山　順太	石川　一喜
大久保　謙	加藤　浩子	白瀧千夏子	七原　友香
本間　良一	こあら王子	菅谷　徹	涌井　佳美
小田原恵美子	米田慎太郎	徳永　達己	新井　克尚
山根　康二	森　保憲	伊藤　大河	石川　初
島田　貴光	山崎　健二	八木　研	飯塚　経治
齋藤　政憲	鶴本奈々子	白石　直子	
井戸　大介	綿貫　祥一	谷崎　隆	

一般社団法人ユースデモクラシー推進機構さま、ありがとうございました！

さくらプラチナム歯科（渋谷）さま、ありがとうございました！

ほか、全95名の支援者のみなさま、
本当にありがとうございました！

❧ 出張授業にお招きいただいた学校 （50音順）

浦和高等学園	順天高等学校
大阪府立金岡高等学校	拓殖大学第一高等学校
大妻女子大学	多摩大学
神奈川県立大和高等学校	茅ヶ崎市立松浪小学校
神奈川県立横浜桜陽高校	桐蔭学園高等学校
川崎市立橘高等学校	東京経済大学
岐阜経済大学	東京都立武蔵高等学校・附属中学校
京都橘高等学校	東洋学園大学
札幌市立札幌開成中等教育学校	明星中学校高等学校
産業能率大学	山梨県立上野原高等学校
十文字学園女子大学	その他　多数

おわりに

どうして、政治の本って、
どれも難しいんだろう？

絵本のような政治の本があったら良いのに……

「全ページカラーだったら楽しい！」
「漫画みたいなイラストがたくさんあるのってワクワクする！」
「超カンタンな言葉だったら分かりやすい！」

「あったら良いなぁ」という要素を全て盛り込んだのが、
この『政治の絵本』です。

「政治をもっと身近に感じてほしい」。
そんな想いから、
「笑える！政治教育ショー」を作りました。

"笑いながら、楽しく学ぶ" という
新しいスタイルを出張授業として展開するため、
会社を設立しました。

「政治の楽しさを伝えたい！」と
心から願うお笑い芸人の挑戦が始まったのです。

お笑いを道具に世直しを志す、
"平成の松下村塾"。だから、「笑下村塾」。

社会を身近に感じる、ドキドキ・ワクワクする
楽しいコンテンツがここに詰まっております。

実際に、1年間で1万人の子どもたちに、出張授業を届け、
SNSを使い、およそ70万人を選挙へと導く光を照らしました。

政治に無関心だった子どもたちから
「政治について話すのって、こんなに楽しいんですね！」
「友達を説得して選挙に一緒に行きます」
という声が聞こえました。

現場の先生からも大好評です。
1回の授業で、投票率が84%になった学校もございました。
全国から講演会の依頼も多数いただいているのですが
正直、回りきれなくなってしまい、ならば
授業の内容を本にできないかと思い、出版に至りました。

子どもたちだけでなく、
政治の知ったかぶりをやめたい大人、
政治って難しいと感じているすべての人、
政治の授業を面白くしたい先生方、
そんな皆さまのお役に立てれば嬉しいです。

政治について感覚的に理解して
皆さまに自分の問題だと思ってほしいのです。

日本の未来や政治について、
もっと気軽に、楽しく、考えてみませんか？

本書と本活動は、クラウドファンディングによって
たくさんの方からご支援をいただきました。
皆さまのご支援によって、なりたっております。

出版にあたり編集者の外山さんには大変お世話になりました。
「絵本のような政治の本を作りたい！」
「絵本だから、全ページカラーで！イラスト入りで！」
「30分で読める本！」
「公開編集会議で、学校の先生、高校生の
リアルな意見をききながら作る！」
などむちゃくちゃな私の要望に対して、
私の大好きなモンブランを差し入れにもってきていただき、
いつも笑顔でご対応いただいたこと感謝申し上げます。

また、イラストレーターの白ふくろう舎さまには、
私の想いを汲み取っていただきながら
絵に表現していただいたのみならず、
出張授業用にイラストを使用するご許可をいただきました。

そして、休日にも関わらず、
編集会議にご参加いただいた方、ありがとうございました。
現場の先生方、リアルな高校生の意見、
メディアの方の言葉へのこだわりなどを
お伺いできなければ本書は成り立ちませんでした。

みなさま、本活動を応援していただき、
心より感謝しております。

みなさまの想いを形にするため、
これからも「笑える！政治教育ショー」を届けに
全国を駆け回ります。

私たちの未来、どきどき、わくわくする社会を
一緒に作ってまいりましょう！

たかまつなな

1993年神奈川県横浜市生まれ。慶應義塾大学大学院政策メディア研究科、東京大学大学院情報学環教育部修了。フェリス女学院出身のお嬢様芸人としてデビューし、「エンタの神様」、「アメトーーク！」「さんま御殿」などに出演、日本テレビ「ワラチャン！」優勝。また「朝まで生テレビ」「NHKスペシャル」などに出演し、若者へ政治意識の喚起を促す。

現在はお笑いジャーナリストとして、現場に取材に行き、お笑いを通して社会問題を発信している。お笑い界の池上彰を目指し活動中。18歳選挙導入を機に、**株式会社 笑下村塾**を設立し、政治を面白く伝えるため、全国の学校へ出張授業「笑える！政治教育ショー」を届ける。

主な経歴

2006年　読売新聞子ども記者団、ヨミウリジュニアプレス入団（〜2012年）

2009年　科学の泉交流誌「科学の森」初代編集長（監修：白川英樹博士）

2011年　第58回「高校生の主張コンクール」国連広報センター賞
　　　　第14代高校生平和大使就任、国連軍縮会議参加

2012年　中国親善訪問代表、第9回「出版甲子園」準グランプリ

2015年　JICA「なんとかしなきゃ！プロジェクト」著名人メンバー就任

2016年　株式会社 笑下村塾設立

2018年　中小企業庁主催「第4回全国創業スクール選手権」中小企業長官賞受賞

2019年　総務省制作　主権者教育動画「まなべ！センキョッキョ」監修・出演

芸人としての経歴

2013 年　R–1 ぐらんぷり 2013 セミファイナリスト
　　　　　日本テレビ「ワラチャン！」優勝
2015 年　ABC お笑いグランプリ決勝
現在はテレビ、ラジオで活躍中。新聞各紙、雑誌でも報道多数

資格

中学校教諭専修免許状（社会）
高等学校教諭専修免許状（公民）
高等学校教諭一種免許状（地歴）
司書教諭

お笑いを通じた政治教育

　テレビは NHK のニュース番組しか見ない家庭環境で育ったため、中学 2 年生の時、太田光・中沢新一『憲法 9 条を世界遺産に』（集英社新書）を読み、「この面白い学者はどなた？」と興味を抱いて爆笑問題の太田を初めて知り、カルチャーショックを受ける。お笑い芸人になれば政治を楽しく伝えられると確信し、両親の反対を押し切って芸人デビューを果たす。

　18 歳選挙権導入をきっかけに、株式会社　笑下村塾を設立し、「笑える！政治教育ショー」のコンテンツを開発。2016 年 5 月、「『笑える！政治教育』を全国の高校で行いたい」をテーマにクラウドファンディングを行い、157 人から 135 万円の出資金を集める。その後、全国の小学校・中学校・高校・大学を駆け回り、1 年間で 1 万人に出張授業を届ける。

　現場の先生はじめ、より多くの人に政治教育を届けたいと本書を執筆。全ページにイラストとカラーを入れるためにクラウドファンディングを実施し、95 名から 112 万円の支援を受け、出版にいたる。

　現在の活動については 119 ページコラム「もっと政治を知る方法」を参照。

イラスト担当　白ふくろう舎

昭和チックでゴージャスな少女漫画風の絵柄で、雑誌を中心に出版・広告など多方面で活躍。
主な著書に『仮面の本―作って広がる貴方の世界』（マガジンランド）、『ぬり絵で楽しむフィギュアスケートの世界』（マガジンランド）、本名の近藤ゆかり名で『らくレシピ』（イースト・プレス）など。

 白ふくろう舎
ウェブサイト

 「お嬢様スタンプ たかまつなな ＆ 白ふくろう舎」LINE STORE

政治の絵本〔新版〕
学校で教えてくれない選挙の話

2017（平成29）年 3 月30日　初版1刷発行
2019（令和元）年 7 月30日　新版1刷発行
2020（令和 2）年10月30日　同　2刷発行

著　者　たかまつなな
発行者　鯉渕　友南
発行所　株式会社　弘文堂　　101-0062　東京都千代田区神田駿河台1の7
　　　　　　　　　　　　　TEL 03（3294）4801　　振替 00120・6・53909
　　　　　　　　　　　　　https://www.koubundou.co.jp

イラスト　白ふくろう舎
デザイン　高嶋良枝
装　丁　廣川ともよ
印　刷　三報社印刷
製　本　三報社印刷

ISBN978-4-335-46040-1

18歳　女子高生

24歳　会社員

45歳　主婦

65歳　会社社長

60

18

たかまつなな『政治の絵本』
逆転投票シミュレーションゲーム用カード

10

5

たかまつなな『政治の絵本』
逆転投票シミュレーションゲーム用カード

90

63

たかまつなな『政治の絵本』
逆転投票シミュレーションゲーム用カード

90

45

たかまつなな『政治の絵本』
逆転投票シミュレーションゲーム用カード

80歳 おばあちゃん

18歳 女子高生

6人専用
グループが5人のときは使わないでください

良い政治家

悪い政治家

10

40

5

24

たかまつなな『政治の絵本』
逆転投票シミュレーションゲーム用カード

たかまつなな『政治の絵本』
逆転投票シミュレーションゲーム用カード

たかまつなな『政治の絵本』
悪い政治家を見抜く人狼ゲーム用カード

たかまつなな『政治の絵本』
悪い政治家を見抜く人狼ゲーム用カード

たかまつなな『政治の絵本』
悪い政治家を見抜く人狼ゲーム用カード

たかまつなな『政治の絵本』
悪い政治家を見抜く人狼ゲーム用カード

たかまつなな『政治の絵本』
悪い政治家を見抜く人狼ゲーム用カード

たかまつなな『政治の絵本』
悪い政治家を見抜く人狼ゲーム用カード

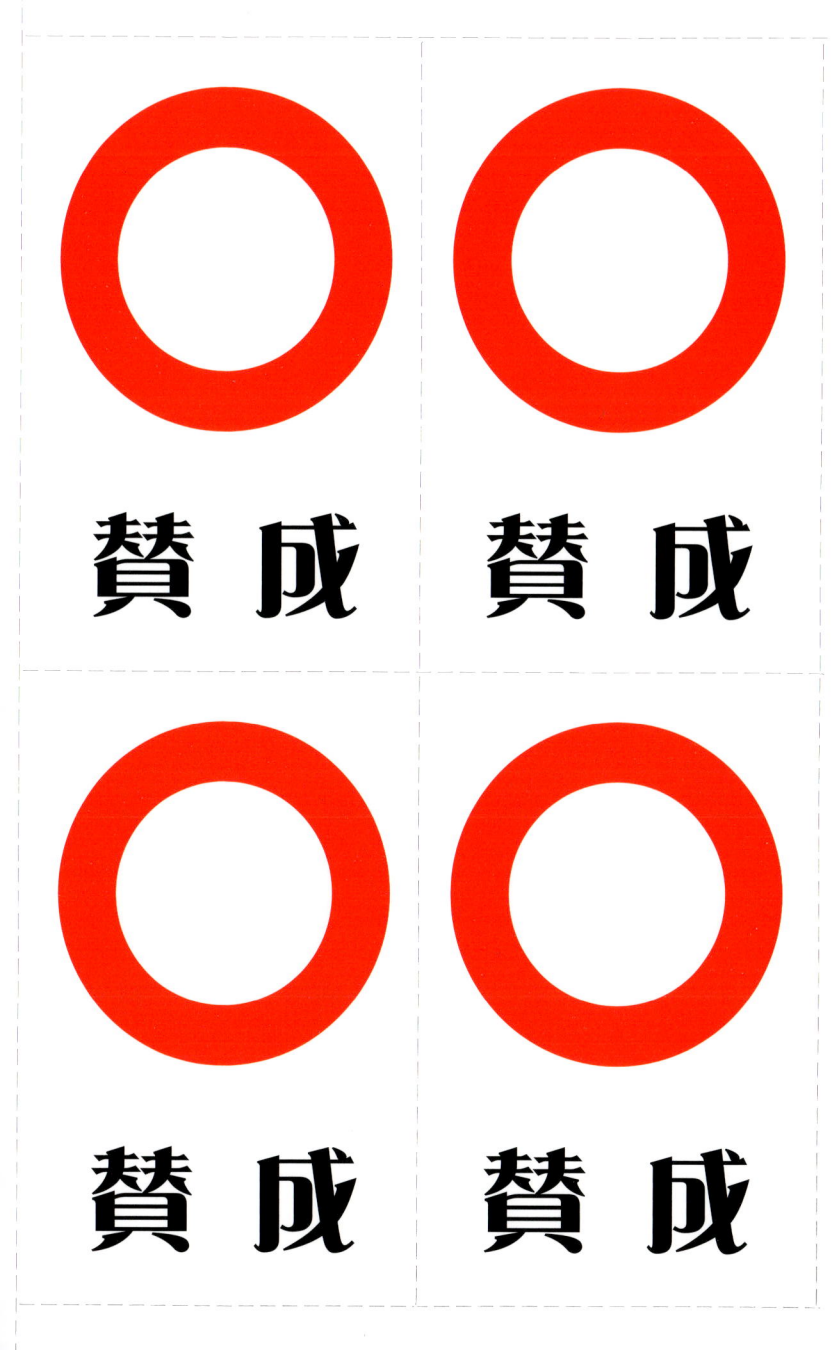

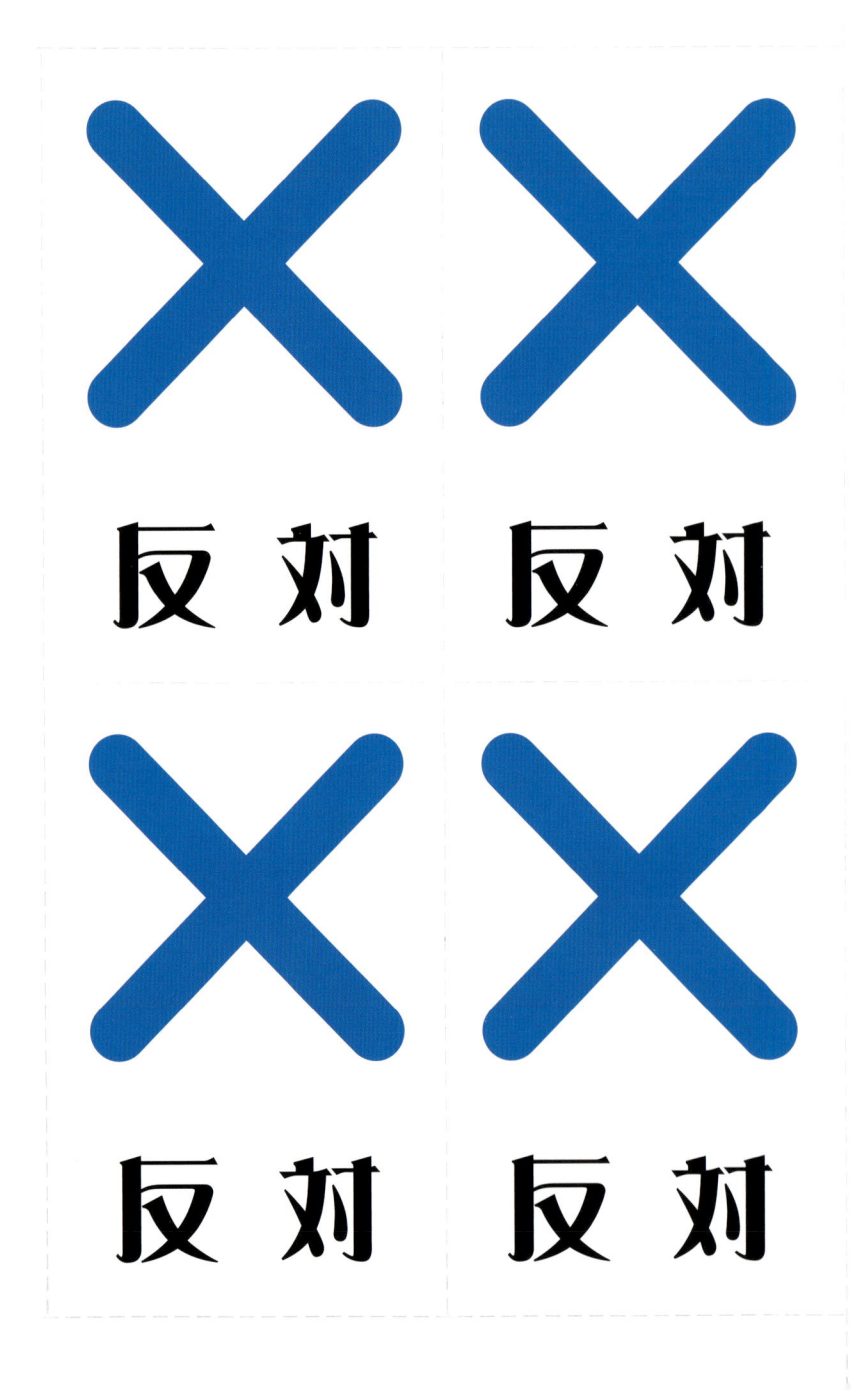

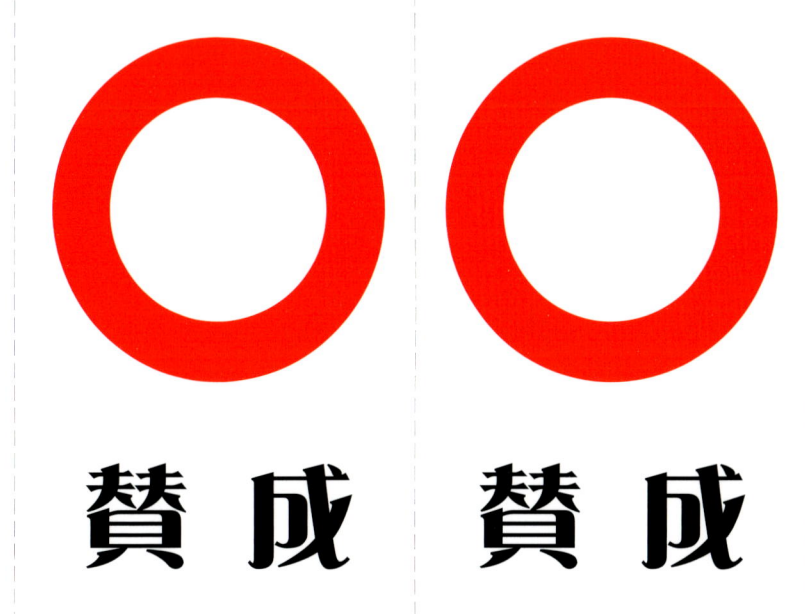

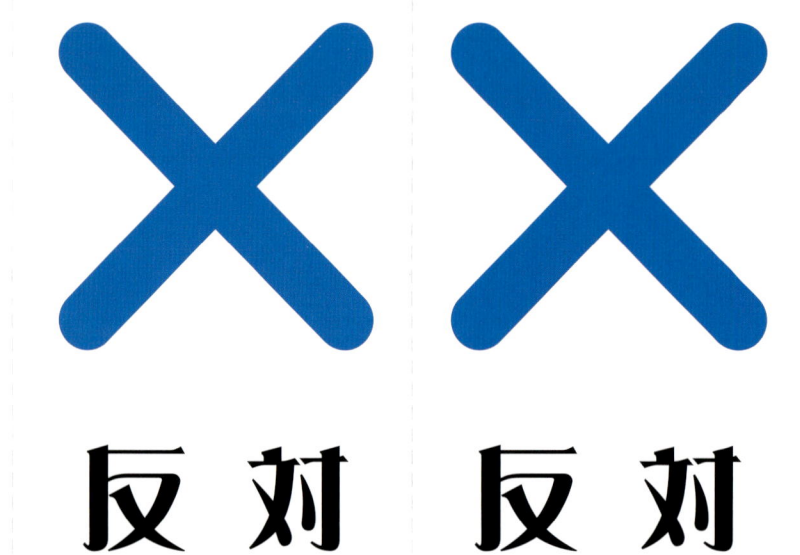

反対　反対

たかまつなな『政治の絵本』
悪い政治家を見抜く人狼ゲーム用カード